W0218322

Nordpfälzer Bergland Rheinhessen

Jürgen Wachowski

GPX-Daten zum Download

www.kompass.de/wanderfuehrer

Kostenloser Download der GPX-Daten der im Wanderführer enthaltenen Wandertouren.

AUTOR

Jürgen Wachowski • Jürgen Wachowski lebt, wohnt, liebt und kennt das Nordpfälzer Bergland mit der angrenzenden Region Rheinhessen wie seine „Westentasche". Seit vielen Jahren zeigt er als zertifizierter Wanderführer des Deutschen Wanderverbandes vielen Gruppen und Freunden die etwas andere, unbekanntere Seite der Pfalz mit Rheinhessen.
Im touristischen Bereich ist er für die Wanderwegeinfrastruktur im Pfälzer Bergland zuständig und ehrenamtlich in verschiedenen Funktionen im Pfälzerwald-Verein, Schwarzwaldverein und im Deutschen Wanderverband aktiv.

VORWORT

Das Nordpfälzer Bergland mit Rheinhessen ist ein Mittelgebirge, das im Dreieck Bruchmühlbach-Miesau (A6), Otterberg und Bad Sobernheim an der Nahe liegt. Die höchste Erhebung ist der Donnersberg mit 686,5 m, der über dieser Gegend thront. Für viele „Pfalz-Besucher" ist dieses Gebiet etwas unbekannt, aber nicht weniger attraktiv. Besticht doch diese Region mit herrlichen „360° - Rundblicken" in den nahe gelegenen Hunsrück, das Saarland, die Südpfalz und den Odenwald.

Highlights sind der Remigiusberg und die längste Burganlage Deutschlands, Burg Lichtenberg, mit ihren drei Museen. Ein Museum erzählt die Geschichte der Wandermusikanten, das andere die Geologie des Nordpfälzer Berglandes und das dritte die Flora und Fauna der Region.

Erleben Sie die Geschichte des ehemaligen Startenors Fritz Wunderlich, der aus Kusel stammte.

Das Gebiet umfasst das größte Weinanbaugebiet Deutschlands – Rheinhessen – mit herrlichen, prämierten Weinen, die weit über die Grenzen bekannt sind. Geschichtsträchtig auch der Donnersberg, der mit der Rekonstruktion einer keltischen Ringwallanlage und dem Keltendorf in Steinbach viel zu erzählen hat.

Wolfstein

INHALT UND TOURENÜBERSICHT

AUFTAKT

Blick nach Rheinhessen

ANHANG

km	h	hm	hm	P								Karte
16,5	5:00	329	329	✓	✓		✓		✓		✓	826
13	4:00	321	321	✓	✓		✓		✓			826
13,3	4:30	425	425	✓					✓			835
26,1	7:30	724	724	✓	✓			✓	✓		✓	826
14,2	4:00	343	343	✓	✓				✓		✓	826
12,8	4:00	352	352	✓			✓		✓			835
17,3	5:30	627	812	✓	✓		✓		✓		✓	826
12	4:00	585	595	✓	✓				✓		✓	826
12,4	4:00	371	375	✓	✓				✓		✓	826
15,5	4:30	430	415	✓	✓		✓		✓		✓	826

Blick vom Hieberg

INHALT UND TOURENÜBERSICHT

km	h	hm	hm									Karte
10,7	3:30	304	341	✓	✓		✓		✓		✓	826
14,4	5:00	587	257	✓	✓		✓		✓		✓	826
11,6	4:00	275	575	✓	✓		✓		✓		✓	826
21,1	6:30	571	637	✓	✓		✓		✓		✓	826
7,4	3:00	255	255	✓			✓	✓	✓			826
26,6	7:00	618	607	✓	✓		✓		✓		✓	826
15	5:00	400	400	✓	✓		✓				✓	826
21,1	5:30	300	300	✓	✓		✓		✓		✓	826
22,0	6:00	404	404	✓	✓		✓		✓		✓	826
12,1	3:30	180	180	✓	✓		✓		✓			826
3,7	1:30	50	50	✓	✓		✓		✓		✓	826
11	3:30	160	160	✓	✓		✓		✓		✓	826
6,4	2:00	120	120	✓	✓		✓		✓		✓	826
9	3:30	195	195	✓	✓		✓				✓	826
16,9	5:00	293	293	✓	✓		✓		✓			826
15,9	5:00	604	414	✓	✓		✓		✓		✓	826
15	5:00	453	416	✓	✓		✓	✓			✓	826
15,7	5:00	278	537	✓	✓		✓		✓		✓	826
19,1	6:00	450	511	✓	✓		✓		✓		✓	826
12,5	4:00	337	360	✓	✓				✓		✓	831
16	4:30	380	365	✓	✓		✓		✓		✓	831
22,7	6:30	741	713	✓	✓		✓	✓	✓		✓	826
12,7	3:30	237	237	✓	✓		✓		✓		✓	831
7	2:30	138	138	✓	✓				✓		✓	831
15,5	6:00	445	445	✓	✓		✓	✓			✓	831

INHALT UND TOURENÜBERSICHT

Blick von Burg Lichtenberg

km	h	hm	hm									Karte
12,6	4:00	204	204	✓					✓			831
11	3:30	235	235	✓	✓		✓		✓		✓	831
11,3	3:30	245	245	✓					✓			831
8	3:00	134	134	✓	✓		✓		✓		✓	831
16,4	5:30	486	486	✓			✓		✓		✓	831
10,5	3:30	165	165	✓			✓	✓	✓		✓	831
15,5	4:30	193	193	✓	✓		✓		✓		✓	831
7,3	2:30	96	96	✓	✓		✓		✓		✓	831
6,2	2:00	5	5	✓	✓				✓			831
14,5	4:00	88	92	✓	✓		✓		✓		✓	831
9,6	3:00	119	123	✓	✓		✓		✓		✓	831
10,7	3:30	163	162	✓	✓		✓		✓		✓	831
10,7	3:30	161	161	✓	✓		✓		✓		✓	831
19	5:30	319	321	✓	✓		✓		✓		✓	831
12,5	4:00	141	129	✓	✓		✓		✓		✓	831

Blick zum Rotenfels

GEBIETSÜBERSICHTSKARTE

Oestrich-Winkel
Eltville a.Rh.
Schierstein
Hochheim a.M.
Flörshm. a.M.
Rüdeshm. a.Rh.
Kostheim
Heidesheim
Ingelhm. a.Rh.
Lerchenberg
MAINZ
Rüsselsheim a.M.
Nauheim
Trebur
Groß-Gerau
Gau-Algesheim
Schwabenheim
Elsheim
Nieder-Olm
Bodenheim
Nackenhm.
Nieder-Hilbersheim
Stadecken-
Gensingen
Bad Kreuznach
Wolfsheim
Saulheim
Geinsheim
Leeheim
Nierstein
Oppenheim
Bad Kreuznach
Sprendlingen
Schornsheim
Dexheim
Dienheim
Goddelau
Riedstadt
Wörrstadt
Gau-Bickelhm.
Wöllstein
Bornheim
Weinolsheim
Münster a.St.-Ebernburg
Wonsheim
Flonheim
Biebelnheim
Gau-Odernheim
Guntersblum
Biebesheim a.Rh.
Fürfeld
Hillesheim
Gimbsheim
Wendelsheim
Albig
Kreuz Alzey
Alsheim
Cornsheim
Erbes-Büdesheim
Framersheim
Eich
Niederhausen
Alzey
Deutsche Alleenstraße
Mettenheim
Heßloch
Gernsheim
Hochborn
Kriegsfeld
Freimersheim
Rhein-dürkheim
Gr.-Rohrhm.
Oberwiesen
Westhofen
Gaugrehweiler
Orbis
Osthofen
Biblis
Kirchheimbolanden
Flomborn
Gundelshm.
Worms/Mörstadt
Nordheim
Ilbesheim
Flörsheim
Dalsheim
Albisheim (Pfrimm)
Ritters-heim
Worms
Bürstadt
Wonnegau
Monsheim
Dannenfels
Marnheim
Donnersberg
Steinbach am Donnersberg
Göllheim
Bockenheim a.d.W.
Offstein
Dom
Lampertheim.
Dreisen
Obrigheim
Kleinniedesheim
Bobenheim-Roxheim
Standenbühl
Kerzenheim
Grünstadt
Dirmstein
Kr. Frankenthal
Münchweiler a.d.Als.
Eisenberg (Pf.)
Ebertsheim
Ramsen
Wittgenstein
Hettenleidelheim
Pfalz
Klein-karlbach
Großkarlbach
Frankenthal (Pfalz)
MANNHEIM
Neuhemsbach
Wattenheim
Lambsheim
Oggersheim
Friesenheim
Sembach
Alsenborn
Altleiningen
Kr. LU
Hertlingshausen
Deutsche Weinstraße
Birkenheide
Enkenbach-
Enkenbach-Alsenborn
Bad Dürkheim
Kr. Mutterstadt
Ludwigshafen a.Rh.
Frankenstein
Gönnheim
Wachenheim a.d.W.
Mutterstadt
Altrip
Weidenthal
Kaiserslautern
Naturpark Pfälzerwald
Kurpfalzpark
Deideshm.
Meckenhm.
-Gronau
Böhl-
Schifferstadt
Waldleiningen
Neidenfels
Lambrecht (Pfalz)
Weinbiet
Deidesheim
Esthal
Frankeneck
Erfenstein
Gimmeldingen
Haßloch
-Iggelheim
Speyer
Elmstein
Neustadt a.d.W.
Haßloch

DAS GEBIET

Es wird unterteilt in zwei Regionen, das Nordpfälzer Bergland und Rheinhessen.

Das Nordpfälzer Bergland, verkürzt auch Pfälzer Bergland, ist eine Mittelgebirgslandschaft im Süden von Rheinland-Pfalz. Der überwiegende Teil liegt in der Pfalz. Grob abgegrenzt liegt es zwischen der saarländischen Stadt St. Wendel im Westen und zu den drei zu Rheinland-Pfalz gehörenden Städten Alzey im Osten, Kaiserslautern im Süden und Bad Kreuznach im Norden, die Städte selbst werden aber nicht mehr dazugezählt. Das Gebiet verbindet die Landschaften Pfälzerwald, Naturpark Saar-Hunsrück, Naheland und Rheinhessen. Anteil am Nordpfälzer Bergland haben vor allem der Landkreis Kusel und der Donnersbergkreis. Die höchste Erhebung ist der Donnersberg mit 686,5 m.

Regionalgeologisch wird das Nordpfälzer Bergland dem Saar-Nahe-Becken zugerechnet, das sowohl räumlich als auch vom Alter der dort auftretenden Gesteine (Rotliegend) zwischen dem nördlich gelegenen Rheinischen Schiefergebirge (älter) und dem sich südlich anschließenden Südwestdeutschen Schichtstufenland (jünger) liegt.

Der Gesteinskörper, der heute den Donnersberg bildet, besteht aus Rhyolith (Quarzporphyr), einem saurem, chemisch dem Granit ähnlichem Vulkangestein. Er entstand am Übergang vom Unteren zum Oberen „Rotliegenden“ und repräsentiert nur eines von zahlreichen vulkanischen Objekten des für Mitteleuropa typischen sauren rotliegendzeitlichen Vulkanismus. Jedoch handelt es sich seinerzeit nicht um einen „echten“ Vulkan, der Magma

Blick vom Mittagsfels

Blick vom Potzberg

bis an die damalige Landoberfläche förderte und dort ausstieß. Stattdessen blieben die im Bereich des Nordpfälzer Berglandes aus dem Erdinneren aufsteigenden sauren Magmamassen aufgrund ihrer hohen Zähflüssigkeit noch unterhalb der Erdoberfläche stecken und bildeten dort sogenannte subvulkanische Intrusionen. Erst durch Erosion der auflagernden Rotliegend-Schichten wurde diese Intrusion freigelegt. Daher wird das Donnersbergmassiv auch als Kryptodom bezeichnet. Ryolith wird um den Donnersberg für den Straßenbau verwendet.

Rheinhessen ist eine Region am nordwestlichen Ende des Oberrheingrabens. Politisch gehört sie heute zum Land Rheinland-Pfalz. Der Name verweist auf die historische Zugehörigkeit des Gebietes als Provinz Rheinhessen zum Großherzogtum Hessen von 1816 bis 1919 und nachfolgend zum Volksstaat Hessen bis 1945. Nach dieser Region ist auch das Weinbaugebiet benannt. Rheinhessen wird im Norden und Osten vom Rhein, im Westen ungefähr von Nahe und Alsenz begrenzt. Die südliche Grenze ist bei der Mündung der Isenach in den Rhein. Die Fläche erstreckt sich über ca. 1.400 km² zwischen der rheinland-pfälzischen Landeshauptstadt Mainz und den Städten Alzey, Bingen am Rhein und Worms. Rheinhessen wird auch als Land der tausend Hügel bezeichnet. Höchste Erhebung ist der Kappelberg mit 385 m. Es wird fast völlig durch das Rheinhessische Hügelland eingenommen.

Mainzer Becken ist die Bezeichnung für ein teritäres Meeresbecken, das vor ca. 38 bis 12 Millionen Jahren (mya) den Raum des heutigen

DAS GEBIET

Blick vom Schweizer Haus

Rheinhessen einnahm. Das Mainzer Becken stellt eine Bucht eines Meeresarmes dar, der im Paläogen kurzzeitig die damalige Nordsee (ein Nebenmeer des sich im Paläogen öffnenden Nordatlantiks) mit der Paratethys (ein Nebenmeer der sich schließenden Tethys) verband.

Das Urlaubs- und Wandergebiet Nordpfälzer Bergland und Rheinhessen

Die landschaftliche und kulturelle Vielfalt der Region bietet sowohl den Spaziergängern, dem Kulturinteressiertem und dem Wanderer eine Menge an interessanten Möglichkeiten, die Region kennenzulernen. Das Angebot an Museen (Musikantenland-Museum, Geoskop, Bergbau-Museum), Burgen (Burg Lichtenberg, Ebernburg, Frauenburg, Naumburg) ist groß und vielfältig. Eine Draisinenfahrt ist für Jeden ein Muss. Wanderbare Hotels bieten die Möglichkeit durch Transfers mehrere Etappen über Wanderwege in dieser Region zu unternehmen, auch für Gruppen.

Touren für jedes Alter versprechen ein entschleunigtes Wandern in einer erlebnisreichen Region.

Beispiele für lehrreiche Erlebnisse

Musikantenland- und das Naturkundemuseum auf Burg Lichtenberg bei Kusel

Geoskop auf Burg Lichtenberg bei Kusel

Fritz-Wunderlich-Museum Kusel

Bergbau-Museum Imsbach

Keltendorf Steinbach/Donnersberg

Tigergarten in Waldeck (oberhalb Ingelheim)

Disbodenberg

Römisches Theater in Mainz

SCHWIERIGKEITSGRADE

■ LEICHT

In der Regel gut angelegte und gut markierte Wanderwege (außer Lenneberg) ohne echte Gefahrenstellen, die jedermann begehen kann, ohne nennenswerte Steigungen. Wanderschuhe empfehlenswert.

■ MITTEL

In der Regel gut angelegte und gut markierte Wanderwege mit teils steilen Auf- und Abstiegen für ambitionierte Wanderer. Trittsicherheit ist erforderlich. Wanderschuhe und teilweise Wanderstöcke empfehlenswert.

HINWEIS

Die Gehzeiten und Schwierigkeitsbewertungen können nur Richtwerte sein. Objektive Faktoren wie das Wetter und individuelle Voraussetzungen gilt es dafür zu berücksichtigen!

ÖPNV

Etliche Wanderungen sind mit der Bahn zu erreichen. Informationen unter www.vrn.de oder www.eistalbahn.com/zellertalbahn.html

EINKEHRMÖGLICHKEITEN

Das Einkehrsymbol bezieht sich auf Einkehrmöglichkeiten unterwegs. Da sich die Öffnungszeiten saisonal und regional sehr unterscheiden, sollten Sie sich vorab über Übernachtungs- und Einkehrmöglichkeiten informieren.
Siehe Seite 235–239.

MEINE LIEBLINGSTOUR

Die beschriebenen Regionen Nordpfälzer Bergland und Rheinhessen bieten eine Vielzahl von interessanten Highlights.
Meine persönliche Lieblingstour ist der Rundwanderweg 14 am Eiswoog bei Ramsen (Tour 22), die vom Eiswoog über das Stumpfwaldgericht „Neun Stühle", am Kleehof vorbei, zurück mit der Stumpfwaldbahn (www.stumpfwaldbahn.de), vom Bahnhof Bockbachtal, zum Eiswoog führt. Der kleine Badesee, die Perle des Stumpfwaldes, ist der ideale Ort zum Entspannen, Erholen und Baden in einer herrlichen Kulisse inmitten des Stumpfwaldes. Die Rechte der Stumpfwaldberechtigten sind heute noch so aktuell wie im 14. Jh.

Die gemütliche Einkehr im Seehaus Forelle Haeckenhaus können Sie im Sommer, mit einer wunderschönen Aussicht, von der Seeterrasse genießen.

Eiswoog bei Ramsen

MEINE HIGHLIGHTS

- 1: **Burg Rheinstein – Blick zur Burg Rheinstein**
  → Tour 40, Seite 171
- 2: **Meisenheim – Die wunderschöne Altstadt von Meisenheim**
  → Tour 30, Seite 132
- 3: **Leckbachheisje – Aussicht vom Leckbachheisje**
  → Tour 44, Seite 195
- 4: **Wartekopf – Aussicht vom Naturschutzgebiet Wartekopf**
  → Tour 7, Seite 42
- 5: **Ruine Rheingrafenstein – Blick vom Rheingrafenstein zur Nahe**
  → Tour 35, Seite 155

4

5

Remigiusberg

SAGENHAFTER WALDPFAD • 265 m

Elendsklamm und Tausendmühle

16,5 km | 5:00 h | 329 hm | 329 hm | 826

START | Parkplatz an der Verbandsgemeindeverwaltung Bruchmühlbach-Miesau (Am Rathaus 2, 66892 Bruchmühlbach-Miesau) [GPS: UTM Zone 32 x: 386.900 m y: 5.470.993 m] oder Bahnhof Bruchmühlbach-Miesau [GPS: UTM Zone 32 x: 387.064 m y: 5.471.410 m]
CHARAKTER | Rundwanderweg mit hohem Anteil an naturnahen Wegen und Pfaden mit steileren Passagen. Gute Wanderschuhe empfehlenswert.

Auf sagenhaften Spuren erkunden Sie zwei einzigartige Landschaftsformen. Die sagenumwobene Sickinger Höhe, mit dem Namensgeber Ritter Franz von Sickingen, der bis 1523 auf der Burg Nanstein bei Landstuhl lebte, aber vor allem die landschaftsprägende Mühlenkultur. Auf der Anhöhe sehen wir auf die mystische Westricher Moorniederung herab. Viele Informationstafeln unterwegs erzählen über die Geschichte dieser Region.

Wir starten bei der **Verbandsgemeindeverwaltung 01 Bruchmühlbach-Miesau,** biegen rechts in die Alte Straße, weiter rechts in die Straße Münchenhäuslweg hoch und erreichen am Waldrand den ersten **Wegweiser des Prädikatsweges „Sagenhafter Waldpfad“**. Am Rande des Ortes

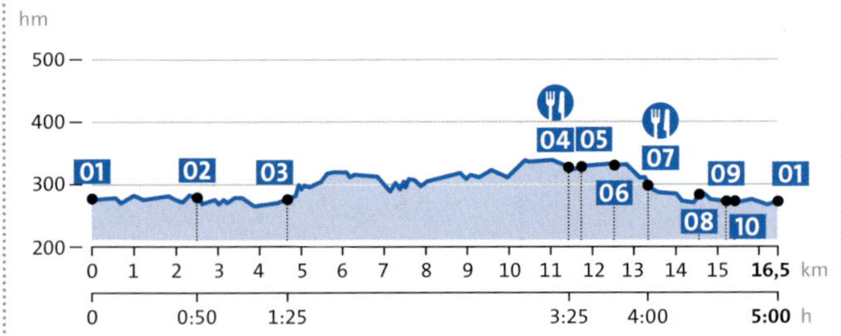

01 Verbandsgemeindeverwaltung, 273 m; 02 Kneippbecken, 311 m; 03 Lambsborn, 373 m; 04 Fritz-Claus-Hütte, 320 m; 05 Sandfang, 293 m; 06 Belzmühle, 257 m; 07 Schützenhaus, 269 m; 08 Elendsklamm, 284 m; 09 Tausendmühle, 274 m; 10 Bierkeller, 293 m

Tausendmühle

wandern wir nach Westen Richtung Vogelbach durch die ersten Waldpassagen leicht ansteigend. In Vogelbach links abbiegend, geht es die Steinstraße hoch und nach ca. 300 m links ab Richtung Wald. Unser erstes Etappenziel ist eine Anlage mit **Kneippbecken** 02, in der wir unsere Waden nach der Kneipp'schen Idee abkühlen können. Nach einem heftigen Anstieg werden wir mit der ersten Panoramaaussicht ins nahe gelegene Saarland (Nordwesten) belohnt. Wir umrunden den Bergrücken und haben nach kurzer Zeit eine neue Panoramaaussicht nach Süden Richtung Pirmasens/Zweibrücken. Grüne Wiesenhänge und Äcker sind Sinnbild für den landwirtschaftlich geprägten Charakter der Höhendörfer. Wir streifen nun eines der Hochdörfer, **Lambsborn** 03 (ein Zuweg weist den Weg zur Ortsmitte), und erreichen über die offene Landschaft den Waldrand. Wir überqueren die L464 und wandern durch einen schönen Laubwald zum südlichen Teil der Elendsklamm, zu der wir auf unserem weiteren Weg nochmals kommen und bestaunen können. Auf naturbelassenen Wegen und Pfaden, an tief eingeschnittenen Tälern vorbei, Felsen zu denen man viele Geschichten erzählen könnte, stoßen wir unterhalb der Straße L466 auf den Wegweiser mit dem Zubringer zur **Fritz-Claus-Hütte** 04 des Pfälzerwald-Vereins Martinshöhe. Diese sollten Sie auf jeden Fall aufsuchen, eine Holzhütte mit einem besonderen Flair und guten Speisen (Öffnungszeiten beachten!). Wir folgen dem kurzen Zuweg wieder zum Hauptweg und wandern nach rechts (Nordwesten). Den Wanderweg abwärts, links am großen **Sandfang** 05 vorbei, gelangen wir ins Tal, begleitet von einem Bach, der wildromantisch in Mäandern nach Bruchmühlbach fließt. Von weitem sehen wir schon Steinskulpturen, die uns unseren Weg weisen. Am kleinen Weiher an der **Belzmühle** 06 halten wir uns links zu einer weiteren Skulptur und einer privaten Unterstellhütte. Wir folgen dem Weg in den Wald hoch, ein paar Stufen und dann

Elendsklamm

rechts dem naturnahen Waldweg entlang. Auf der geteerten Straße nach links streifen wir das **Schützenhaus** 07 (Öffnungszeiten beachten!). Der Prädikatsweg verläuft nun nochmals durch die wildromantische, gut ausgebaute nördliche **Elendsklamm** 08, wohl der schönste Teil der Wanderung. Das Naturdenkmal Elendsklamm stellt durch seine vielfältigen geobotanischen Erscheinungsfor-

men eine ganz besondere landschaftliche Attraktion dar. Kleine stufenförmige Kaskaden und sprudelnde Wasserfälle, bizarre Verwitterungsformen in hartem Quarzsandstein, Blockmeere und überhängende Buntsandsteinschichten sind seit Beginn des Erdmittelalters Zeugen der wirkungsvollen Kraft fließenden Wassers, dem Frohnbach. Das nächste Ziel ist die **Tausendmühle** **09**, eine Getreidemühle mit über 400 Jahre Tradition. Im Wandel der Zeit will sie mit Kreativität, frischen Ideen und exklusiven Angeboten den Besuch der Mühle zu einem besonderen Erlebnis machen (Mühlenlädchen, Brotbackkurse, Pralinenworkshop; Öffnungszeiten beachten!). Über den **Bierkeller** **10** geht unser Wanderweg, rechter Hand die Silhouette von Bruchmühlbach-Miesau sehend, zurück zum ersten Wegweiser an der **Straße „Münchenhäuslweg“**, die wir nach rechts bis zur Alten Straße abwärts gehen und dieser links bis zum Ausgangspunkt bei der **Verbandsgemeindeverwaltung** **01** folgen.

Fritz-Claus-Hütte

DIAMANTSCHLEIFER UND KAFFEE • 249 m

Kultur und hervorragender Kaffeegenuss

13 km | 4:00 h | 321 hm | 321 hm | 826

START | Diamantschleifermuseum, Hauptstraße 47 in 66904 Brücken
[GPS: UTM Zone 32 x: 418.974 m y: 5.492.787 m]
CHARAKTER | Aussichtsreiche Rundwanderung mit moderaten Steigungen, teilweise feucht. Wanderschuhe, Wanderkarte und GPS empfehlenswert.

Die regionale Geschichte und die ca. 130 Jahre alte Tradition des Diamantschleiferhandwerks im Westrich werden bei dieser Wanderung abgewandert.

▶ Die Wanderung beginnt am **Diamantschleifermuseum in Brücken** 01, in dem die Geschichte der Diamantschleiferindustrie in der Region um Brücken dokumentiert wird. 1888 wurde die erste Diamantschleiferei im Ohmbachtal durch Isidor Triefus eingerichtet und wuchs zu einem lohnenden Geschäft. In eindrucksvoller und lebendiger Weise wird dies dem Besucher des Museums näher gebracht (Öffnungszeiten beachten!) Wir wandern die Hauptstraße ca. 200 m nach Norden, vorbei am St.-Laurentius-Brunnen und schreiten

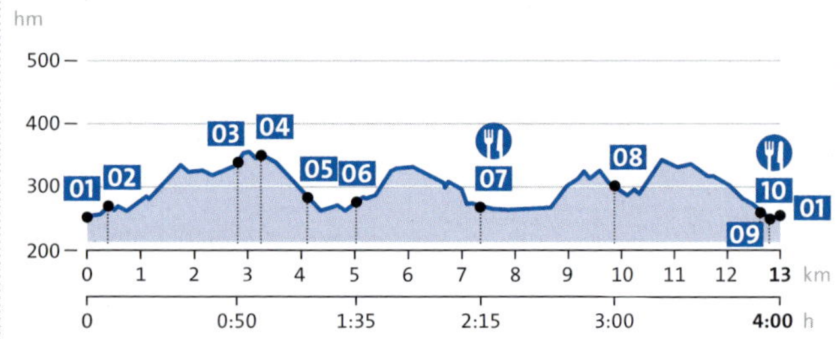

01 Diamantschleifermuseum Brücken, 250 m; 02 St.-Laurentius-Pfarrkirche, 257 m; 03 Brechkaut, 333 m; 04 Wartturm, 354 m; 05 Hügel Rennweiler, 278 m; 06 protestantische Kirche Ohmbach, 268 m; 07 Kaffeemanufaktur Reismühle, 265 m; 08 Quellenanlage, 320 m; 09 lutherische Kapelle, 250 m; 10 Brücken, 246 m

Diamantschleifermuseum Brücken

den Treppenweg hoch zur **St.-Laurentius-Pfarrkirche** 02, einer modernen katholischen Kirche, in der sich das größte Altarmosaik, das 32 m² große Christkönigmosaik, befindet.

Wir begeben uns zur Steinstraße, biegen nach rechts ab und nach ca. 80 m nach links und folgen einem Wiesenweg hoch bis zum Feldweg, den wir nach rechts abbiegen. Weite Aussichten säumen nun unseren Weg zur ersten Infotafel, „Die alte Lichtenberger Hochstraße“, die schon im Mittelalter stark begangen und befahren wurde.

Die nächste Infotafel auf unserem Weg erzählt die Geschichte vom Westwall-Bunker auf dem „Borsten“, der 1947 gesprengt wurde.

Wir wandern den Höhenweg weiter und erreichen die **„Brechkaut“** 03, einer einfachen aufgemauerten Feuerstelle. Nach der Brechkaut rechts kommen wir nach einer schönen Aussicht nach Dittweiler zum **Wartturm** 04 auf dem Wartenstein, mit fantastischer Rundumsicht ins Pfälzer Bergland. Ohmbach im Blick gelangen wir bergabwärts immer geradeaus, durch ein Waldstück, an eine Wiesenfläche mit Aussicht auf Ohmbach. Nach dieser Wiesenfläche halten wir uns an der Bank rechts zur Infotafel **„Hügel Rennweiler“** 05. Wir durchqueren Ohmbach über die Rennweilerstraße Bergstraße/Ringstraße (vorbei an der **protestantischen Kirche** 06) und biegen in die Friedhofstraße ein und folgen weiter der Markierung, am Friedhof vorbei, immer bergaufwärts an den Waldrand mit einer weiten Panoramaaussicht zurück nach Ohmbach. Wir folgen weiter der Markierung, biegen rechts in den Wald und erreichen einen weiteren Punkt, mit Aussicht Richtung Krottelbach. Nach ca. 500 m rechts ab, über den Feldweg, gehen wir hinunter in den Wald, parallel zum Bach, durch eine kleine Schlucht zur Infotafel „Kalkstollen Ohmbach“ und sehen über der L350 die **Kaffeemanufaktur Reismühle** 07, die uns zu köstlichem Kaffee und Kuchen aus eigener Produktion einlädt. Wir gehen neben der Reismühle

Kaffeemanufaktur Reismühle bei Krottelbach

die Treppe hoch, biegen rechts ab und wandern den Ohmbach bachabwärts nach Ohmbach. Durch Ohmbach über die Straße „In der Au", an der Feuerwehr links, durch die Höferstraße und dann die Straße „Am Hummerwald" hoch erreichen wir, immer rechts haltend, den Sendemast. Den Weg hoch biegen wir am Rettungspunkt 6510-943 rechts ab und gehen erst auf einem breiten Weg, danach auf schmalem, etwas feuchtem Pfad in einer herrlichen Waldlandschaft mit einer in **Sandstein gefassten Quellenanlage** **08**. Nun abwärts, vorbei an einer Rastanlage, geht es durch eine Talaue, in der der naturbelassene Marbach durch die Landschaft mäandert. An der Infotafel „Freizeitanlage Hühnerwiese" biegen wir links ab, wandern steil bergan, im Rücken eine schöne Aussicht nach Ohmbach auf den Marbacher Berg.

Oben angelangt biegen wir rechts den Höhenweg Richtung Süden ab nach Brücken. An der Infotafel „Westwallbunker auf dem Krämel" und der **lutherischen Kapelle** **09** vorbei verlassen wir die Markierung, folgen der Glanstraße in **Brücken** **10** nach Süden, danach über die Hauptstraße zum Ausgangspunkt, dem **Diamantschleifermuseum in Brücken** **01**.

Wartturm bei Ohmbach

Herschweiler-
Pettersheim
Schlundsberg
383
356
Hühnerkopf
437
Ehrsbach
Spritzenhaus
269
Bockhof
Hodenbach
Hohe
Fels
Hodenbachwa
telbach
Fallenberg
364
Kalkofen
Reismühle
07
343
Knechtenberg
387
Lindenhof
334
Römertalhof
Frutzweiler
Wilgenhof
08
Marbacher
Berg
300
06
Ohmbach
Neumühler Berg
343
316
05
Heimatmuseum
376
Neumühle
04
Wartturm
Wartenstein
376
246
03
258
09
02
Fritz-C
Hütte/
10
Bosten
Grubenstolle
Diamantschleifer-
Museum
01
236
Brücken
(Pfalz)
Dittweiler
Fuchsgrund
Kohlbach
Paulengrund
Ziegelberg
277
423
351
Hölze
unzweiler Mühle
Knopfwald
287
Schmittweiler
Klingbach
263
Klingenmühle
Ziegelhütte
Kinkelborn
Dammbach
Elmerthof
500 m
343
264
Landwehr
Solarpark
280

HACHENFELSEN UND RUINE NAUMBURG • 207 m

VITAL TOUR Bärenroute

Rundtour durch die Geschichte von Bärenbach

13,3 km | 4:30 h | 425 hm | 425 hm | 835

START | Parkplatz an der K 73, Straße „Am Schlossberg" in 55758 Bärenbach
[GPS: UTM Zone 32 x: 387.065 m y: 5.512.151 m]
CHARAKTER | Wanderung mit teils steilen Auf- und Abstiegen. Wanderschuhe empfehlenswert.

Felsen hoch über dem Nahetal, herrliche Fernsichten, die Sage des Dieterfels und die Ruine Naumburg sind auf unserem Weg mit teilweise steilen Passagen zu erkunden.

▶ Start der Wanderung ist der **Parkplatz in der Straße „Am Schlossberg" in Bärenbach** 01.
Wir folgen der Talstraße nach Osten, biegen nach ca. 100 m rechts ab, über einen Steg, den Weg rechts hoch in den Wald. Nach einer schönen Waldpassage sollten wir einen kleinen Abstecher zum **„Kleinen Hachenfelsen"** 02 unternehmen, die Aussicht ins Nahetal lohnt sich. Den Pfad zurück auf den Hauptweg wandern wir rechts weiter zum **„Großen Hachenfelsen"** 03 mit der gleichen Aussicht zur Nahe.
Nach einem Auf und Ab durch schöne Waldpassagen biegen wir am Wegweiser links ab, den

01 Straße Am Schlossberg, Bärenbach, 207 m; 02 Kleiner Hachenfelsen, 248 m; 03 Großer Hachenfelsen, 241 m; 04 Schinderhannes-Hütte, 304 m; 05 Bärenbach, 224 m; 06 Naumburgquelle, 244 m; 07 Schöne Aussicht, 319 m; 08 Donnersbergblick, 423 m; 09 Dietersfels, 203 m; 10 Ruine Naumburg, 237 m

Wiesenweg abwärts mit herrlicher Aussicht zur **Schinderhannes-Hütte** 04. Eine Wellnessbank und Sitzgruppen laden zum Ausruhen ein.
Wir gehen nun bergan, am Friedhof vorbei und gelangen nach Bärenbach in die Unterdorfstraße. Wir überqueren die Talstraße, wandern die Unterdorfstraße hoch und biegen rechts in die Hauptstraße. Dieser folgen wir bis zum Ortskern zum **Bärendenkmal** 05. Bergauf, den Dorfwiesenweg entlang, biegen wir am Ortsausgang nach links in die Straße „Am Dechtenberg" ab. Der Wiesenweg führt nun hoch, mit schönen Aussichten und interessanten Infomationstafeln zur Region, zu einem Wegweiser. Vorsicht, hier geht der Wanderweg rechts hoch **(schlecht erkennbar!)** zur **Naumburgquelle** 06, einer

Ruine Naumburg

Blick vom „Kleinen Hachenfelsen“

schönen Brunnenanlage. Ein romantischer Pfad, durch eine wunderschöne Waldlandschaft führt nun rechts steil hoch in eine offene Landschaft mit herrlicher **Aussicht** **07**, die man auf einer Wellnessbank genießen kann. Über Waldwege, schöne Pfade, durch Wald und Wiesenflächen erreichen wir nun über einen kleinen Zuweg, mit herrlichem Blick in die Nordpfalz, den **„Donnersbergblick“** **08**.

Wir gehen das kurze Stück zum Hauptweg zurück und wandern den Höhenweg Richtung Norden durch Wiesenflächen mit weiteren Fernsichten. Am Waldrand biegen wir rechtwinklig nach links ab und kommen hoch in den Wald (Markierung beachten!).

Blick auf Bärenbach

Wir wandern nun eine längere Passage durch wunderbaren Wald, der zum „Seele-baumeln-lassen“ einlädt. Der Weg trifft nun auf die B 41. Über den Fahrradweg nach Südwesten kommen wir zum **Dietersfelsen** **09**, wo die Sage des „Herrn Dieter der Starke“ erzählt wird, der hier mit dem Pferd heruntersprang und unverletzt ankam.

Nach ca. 50 m, an der Sitzbank, geht es hoch Richtung Ruine Naumburg. Vor Bärenbach biegen wir rechts ab, zur **Ruine Naumburg** **10**.

Ihren Namen erhielt sie als Neugründung der über Kirn gelegenen Kyrburg oder der Feste Hachenfels. Die erste Erwähnung dürfte im Jahre 1146 gewesen sein.

Wir gehen den Weg zurück zum Wegweiser und folgen dem Pfad abwärts, teilweise ein wenig alpin zur Talstraße, zum **Parkplatz** in der **Straße „Am Schlossberg“ in Bärenbach** **01**, zu dem wir links abbiegen.

DIE PREUSS'SCHEN BERGE • 380 m

Der Preußensteig

26,1 km | 7:30 h | 724 hm | 724 hm | 826

START | Burg Lichtenberg, Burgstraße 12, 66871 Thallichtenberg [GPS: UTM Zone 32 x: 381.290 m y: 5.4906.34 m]
CHARAKTER | Wanderung mit steilen Anstiegen am Herzerberg, sonst moderate An- und Abstiege; Wanderschuhe und Wanderstöcke empfehlenswert.

Hoch hinauf, auf schmalen Pfaden geht es auf dem Preußensteig, der entlang der ehemaligen preußich-bayrischen Grenze viele fantastische Ausblicke und interessante Einblicke in die Geschichte der Region bietet.

▶ Die Wanderung startet an der längsten Burganlage (425 m Länge) Deutschlands, der **Burg Lichtenberg** 01.
Allein der Besuch der Burg ist schon eine Reise wert. In der Burganlage findet man das Musikantenland-Museum, das Pfalzmuseum für Naturkunde (Zweigstelle) und das Umweltmuseum Geoskop. Weiterhin die hochmoderne Musikantenland Jugendherberge sowie das Burgrestaurant.
Von der Burg führt der Weg hinab nach **Kusel-Diedelkopf** 02.
In der Stadt Kusel, bekannt durch den ehemaligen Startenor Fritz Wunderlich der hier geboren wurde, befindet sich das Stadt- und Heimatmuseum mit dem

01 Burg Lichtenberg, 381 m; 02 Kusel-Diedelkopf, 259 m; 03 Grenzsteine, 269 m; 04 Steinquader, 460 m; 05 Naturschutzgebiet, 440 m; 06 Schwarzenbornermühle, 326 m; 07 Aussicht Pfeffelbach, 409 m; 08 Herzerberg, 585 m; 09 Aussichtspunkt, 378 m; 10 historische Grenzsteine, 348 m

Blick Richtung Thallichtenberg

Fritz-Wunderlich-Zimmer und einem Brauereizimmer.
In Diedelkopf wandern wir am Bade- und Freizeitpark Kusel vorbei in das Landschaftsschutzgebiet Holzbachtal. Rechts des Weges sehen wir die ersten **Grenzsteine** 03 mit den eingra-

Herzerberg

vierten Initialen „KB“ für Königreich Bayern und „KP“ für Königreich Preußen. Kilometerweit, auch über die Autobahn hinweg, werden wir von diesen **massiven Steinquadern** begleitet **04**.

Wir gelangen nun zum Steinberg – hier sollte man einen kleinen Abstecher zum **Naturschutzgebiet** **05** wagen, ein wunderschöner Flecken mit einem kleinen Landschaftsweiher.

Wir überqueren nun wieder die Autobahn zur **Schwarzenbornermühle** **06** und wandern den Berg hoch zum Waldrand. Hier sollten wir ein wenig verschnaufen und die fantastische **Aussicht nach Pfeffelbach** **07** genießen.

Weiter den Berg hoch kommen wir zum höchsten Punkt der Tour, dem **Herzerberg** **08**.

Auf dem 585 Meter hohen Herzerberg befindet sich ein Startplatz für Drachenflieger, die Aussicht von hier oben ist beeindruckend und lässt uns weit ins Kuseler Land, zur Burg Lichtenberg, zur Sickinger Höhe sowie weit hinein in das angrenzende Saarland blicken.

Über schöne Pfade und Waldwege, am Hang entlang, wandern wir zu einem **Aussichtspunkt** **09**, von dem man die hoch oben thronende Burg Lichtenberg, oberhalb von Thallichtenberg, erblicken kann.

Weiter am Hang entlang biegen wir bei der Gemarkung Langhöhe rechts ab, abwärts durch offenes Gelände, über den Kurzer Bach zu einem geteerten Weg.

Wir biegen erst rechts und nach ca. 400 m links ab und wandern, an weiteren **historischen Grenzsteinen** **10** vorbei, den Berg hoch bis zur K 23.

Den letzten Teil der Wanderung gehen wir nach Querung der Straße hoch zum **Parkplatz an der Burg Lichtenberg** **01**.

Blick zur Burg Lichtenberg

Berschweiler
bei Baumholder
497
Mettweiler
486
448
510
Zollhaus
Raumelskopf
527
537
Schweisberg
Mittelberg
550
533
508
Mettholz
Eckersweiler
09
Spitzeberg
578
Bauwald
4
573
Großer Keufelskopf
Herzerberg
585
08
Bremme
Böschberg
565
348
07
Reichweiler
Pfeffelbach
Altmühle
6 Reichweiler
Mithrastempel
388
06
Schwarzenbornermühle
Schwarzerden
402
374
Anies
4
Kathrinenhof
421
Steinberg
NSG
05
04
479
62
Albessen
398
Wolfsborner Hof
Hain
395
Herchweiler
420
Wolfsrech
Seitzweiler
455
Römerstraße
Markeicherhof
Hettersberg

Breitsesterhof
456
Dennweiler-Frohnbach
Hasenstein
378
Auswan museum
Berghof
Jockelskopf
Feldwiesbach
327
Stegbach
Frohnbacherhof
Oberalb
572
Wolfsbösch
557
Stolzberg
Maywe
420
341
Römerstraße
Kurzer Bach
10
Körborn
Münchhöhe
Rotheng
295
chtenberg
Burg Lichtenberg
Eichelberg
343
Blaubach
01
264
Niederberg
442
Ruthweiler
Pfeffelbach
276
Ödesberg
375
DIEDELKOPF
02
Fritz-Wunderlich-Denkmal
Heibelberg 264
03
Hubehaus
Geisberg
355
Stadt- und Heimatmuseum
flugsturz
416
Bledesberg
373
Ehweiler Grund
Bledesbach
Bärenfelderhof
Roßberg
351
Ehweiler Höhe
390
BLEDESBACH
292
Körbach
Winterhelle
Ottersberg
382
Ehweiler
395
353
289
Kusel
Hasenmühle
Kreutz
Schellweiler
Rölle
Gerlach
Konken
Konkerwald
Dellwieserhof
0 500 m

BÄRENBACHPFAD • 432 m

Die Geschichte des Truppenübungsplatzes Baumholder

14,2 km | 4:00 h | 343 hm | 343 hm | 826

START | Parkplatz am Stadtweiher, 55774 Baumholder [GPS: UTM Zone 32 x: 380.049 m y: 5.496.742 m]
CHARAKTER | Wanderung mit moderaten An- und Abstiegen; Wanderschuhe empfehlenswert.

Eine Wanderung durch die Geschichte des Truppenübungsplatzes Baumholder mit herrlichen Passagen und naturnahen Bächen mit Felslandschaften.

▶ Start der Wanderung ist der **Parkplatz am Stadtweiher in Baumholder** 01. Nach Überquerung der Ringstraße (L169) wandern wir in südlicher Richtung, über Wiesenflächen hoch zum **Engelmichel** 02 mit einer herrlichen Aussicht über Baumholder. Bekannt ist die Stadt Baumholder als eine der größten US-Garnisonen in Deutschland, die sich seit den 1950er Jahren auf dem Gelände des direkt an das Stadtgebiet angrenzenden Truppenübungsplatzes Baumholder entwickelt hat. Wir kommen nun zur L176, die wir überqueren und nach rechts dem Feldweg folgen. Zuerst durch offene Flächen, danach durch den Wald, steht am Wanderweg der **Ungeheuerstein** 03. „Hier schoss Förster Ungeheuer einen starken

01 Stadtweiher Baumholder, 433 m; 02 Engelmichel, 496 m; 03 Ungeheuerstein, 504 m; 04 Flora und Fauna, 482 m; 05 Bärenbach, 386 m; 06 Wildfrauenloch, 363 m; 07 Auersbach, 323 m; 08 Hubertsruh, 473 m; 09 Unterstellhütte, 473 m; 10 Blick auf Baumholder, 482 m

Stadtweiher Baumholder

Keiler 1898" (Königlicher Hegemeister). Schöner Wald begleitet uns nun auf unserem weiterem Weg, bis wir einen Rastplatz mit vielen Schautafeln und Informationen zur **Flora und Fauna** 04 **der Region** erreichen.

Immer abwärts, serpentinenartig, kommen wir an einer Wellnessbank und einer Informationstafel über den Truppenübungsplatz Baumholder vorbei. Nun wandern wir im Tal am Namensgeber der Tour, dem **Bärenbach** 05 folgend, zum Wildfrauenloch.

Die Höhle **Wildfrauenloch** 06 liegt über dem Bärenbach in einem steilen Felshang und ist ca.

Blick von der Hubertusruh

6 Meter tief – man kann aufrecht hineingehen.
Weiter am Bärenbach entlang, immer wieder querend und an wunderschönen Felsgebilden vorbei, stoßen wir auf den **Auersbach** 07, der in den Bärenbach mündet. Wir folgen der Markierung nach links, den Auersbach hoch. Der anstrengendste Teil der Wanderung ist nun der Aufstieg zum Rothenberg. Hier begleitet uns die Allee der verschwundenen Heimat. Sie

Bärenbach

zeigt Dörfer, die in den 1939er Jahren dem Truppenübungsplatz weichen mussten.
Die Entschädigung der Anstrengung kommt aber an der **Hubertusruh** 08, die mit der Wellnessbank eine einzigartige Aussicht über den noch aktiven Truppenübungsplatz bietet.
Wir folgen der Markierung und gelangen zum „Weg der Dachse". Hier wandern wir in den Wald hinein. Der Blick in die Pfalz ist uns gewiss. An einer **Unterstellhütte** 09 vorbei geht es über Wiesen und Felder direkt zum nächsten Höhepunkt – einem wunderschönen „Blick in den Hunsrück", mit dem 816 m hohen Erbeskopf.
Wenige Hundert Meter weiter genießen wir nochmals einen herrlichen **Blick auf Baumholder** 10.
Über Wiesenwege auf der Gemarkung „Auf dem Hellert" erreichen wir nun wieder den **Engelmichel** 02 und wandern die Wiese abwärts, nach Überquerung der Ringstraße, zum Endpunkt, dem **Parkplatz am Stadtweiher in Baumholder** 01.

GRÄFIN-LORETTA-WANDERWEG • 277 m

Ruine Frauenberg und seltsame Wesen

12,8 km | 4:00 h | 352 hm | 352 hm | 835

START | Parkplatz Bahnhofstraße, K12, 55776 Frauenberg [GPS: UTM Zone 32 x: 375.941 m y: 5.502.973 m]
CHARAKTER | Die Wanderung hat teils schwierige An- und Abstiege. Wanderschuhe empfehlenswert.

Schöne Portale, die Ruine Frauenberg, fantastische Aussichten und sonderbare Wesen begleiten uns auf dieser erlebnisreichen Wanderung.

Wurzeltroll

▶ Start der Wanderung ist der Parkplatz in der **Bahnhofstraße in Frauenberg 01**.
Wir wandern die Straße ca. 200 m nach Osten und biegen rechts in den geteerten Weg ein. Bachaufwärts kommen wir nun zum Eingangsportal des Gräfin-

01 Bahnhofstraße Frauenberg, 277 m; **02** Ruine Frauenberg, 312 m; **03** Wilde Ley, 404 m; **04** Kaiserallee, 423 m; **05** Heidenquelle, 375 m; **06** Trollpfad, 391 m; **07** Dirks Ruh, 420 m; **08** Verschönerungsverein Hammerstein, 367 m; **09** Teufelsgraben, 295 m; **10** Weibersprung, 316 m

Kaiserallee

Loretta-Wanderweges mit der Informationstafel: „Hier stand vor langer Zeit der Ort Tal Frauenberg". Hinter dem Portal kreuzen wir die Brücke und gehen den wunderschönen Pfad bachaufwärts zu der Informationstafel „Ruine Burgkapelle". Wir biegen rechts ab, hoch auf den Pfad (Vorsicht Markierung!) und erreichen die **Ruine Frauenburg** 02.

Die Frauenburg erhielt ihren Namen von der jungen Witwe Loretta von Sponheim, die sich nach dem Tod ihres Mannes Graf Heinrich II. Von Sponheim 1324 und nach der Übergabe der Regierung an ihren Sohn Johann III. 1313 dorthin zurückzog.

An der restaurierten Trockenmauer vorbei wandern wir den Pfad weiter, über eine Brücke, hoch auf eine Wiese mit Wellnessbänken. Über eine steile Treppe und einen geteerten Weg überqueren wir eine militärisch genutzte Panzerstraße und haben ab hier mehrere schöne Ausblicke von oben auf die Ruine Frauenburg. Weitere Aussichtspunkte, wie Sparlingsklippe und **Wilde Ley** 03 liegen auf unserem Weg, bevor wir einen der Höhepunkte, die **Kaiserallee** 04 auf dem Nahekopf erreichen. Gesäumt wird diese Allee von 12 Stelen, von denen 11 in einer Reihe stehen. Die Stelen stehen für die 12 wichtigsten Kaiser zur Zeit der Besiedlung des Nahekopfes. Wir wandern weiter auf der Höhe, der Markierung folgend, und biegen an der spätromanischen Toranlage links in einen Weg abwärts. Durch ein Portal folgen wir dem Pfad weiter, parallel zu einem breiten Weg, zur **Heidenquelle** 05. Wir überqueren den Weg, gehen weiter geradeaus bergab, biegen links ab über die Brücke und sehen schon die Unterstellhütte „Rinzendell" mit Rastplatz vor uns. Immer wieder wird unser Weg von schönen Aussichtspunkten gekrönt. Wir biegen hier rechts ab, gehen den geschotterten Weg hoch und biegen rechts in einen **„Trollpfad"** 06 ab. Seltsame Wesen wie Wurzeltroll, Steintroll usw. weilen an diesem Pfad.

Auf der Höhe angekommen lockt uns der schöne Rastplatz **„Dirks Ruh"** 07 zum Verweilen und Rasten.

Der Weg schlängelt sich nun durch schöne Waldpassagen, mit Aussichten zum Truppenübungsplatz Baumholder, weiter zum Klausgraben, einem wunderschönen Platz, der im Sommer angenehm kühl ist. Dem Klausgraben folgen wir ein kleines Stückchen bachabwärts, biegen nach einem kleinen Wasserfall rechts ab den Pfad hoch. An vielen Rastplätzen vorbei wandern wir aufwärts zur **Gaststätte des Verschönerungsvereins Hammerstein** 08 (Einkehrmöglichkeit, Öffnungszeiten beachten!).

Ein paar Meter weiter werden wir am Naheblick mit einer fantastischen Fernsicht belohnt.

Nun geht es über Wiesen- und Waldwege bergab, unter der Straßenbrücke durch, durch ein weiteres Portal, die Treppen hinunter zur Nahe. Wir wandern nun den Wiesenweg flussaufwärts bis zur Brücke, überqueren diese und gehen auf der anderen Seite flussabwärts wieder zurück. Nach Unterquerung der Eisenbahnbrücke gehen wir vor der kleinen Brücke den Waldweg hoch und später links durch ein Portal zum **Teufelsgraben** 09.

Stetig bergauf und bergab, am Aussichtspunkt **„Weibersprung“** 10 vorbei, wandern wir immer die Nahe flussaufwärts über Wiesen-, Feld- und Waldwege wieder unter der Eisenbahnbrücke durch zur K12. Hier biegen wir links ab, gehen am Straßenrand entlang bis zur Bahnhofstraße von Frauenberg, in der wir rechts den Endpunkt, den **Parkplatz in der Bahnhofstraße in Frauenberg** 01 erreichen.

7

BURG LICHTENBERG UND DER WARTEKOPF • 380 m

Veldenz-Wanderweg Etappe 1 (Burg Lichtenberg – Rathsweiler) – Leading-Quality-Trail

17,3 km | 5:30 h | 627 hm | 812 hm | 826

START | Burg Lichtenberg, Burgstraße 12, 66871 Thallichtenberg [GPS: UTM Zone 32 x: 381.308 m y: 5.490.677 m]
CHARAKTER | Streckenwanderung mit teils steilen Passagen. Wanderschuhe empfehlenswert.

Burg Lichtenberg, Stammsitz der Grafen zu Veldenz, hoch über dem kleinen Örtchen Thallichtenberg ist der Startpunkt des Veldenz-Wanderweges, einem Leading-Quality-Trail. Die Burg (Jugendherberge, Westpfälzer Musikantenmuseum, Geoskop) zählt mit 425 Meter Längsschnitt zu den größten Burgruinen Deutschlands. Die Region rund um Kusel ist auch als Westpfälzer Musikantenland bekannt. Benannt ist dieser Landstrich nach dem Westpfälzer Wandermusikantentum, das vor allem von 1850 bis zum Ersten Weltkrieg von hier seinen Ausgang nahm. Schon im frühen 19. Jahrhundert zwangen Missernten und Hungersnöte die Bewohner der Westpfalz zum Auswandern. Geld verdienten sie sich dabei oft mit dem Musizieren.

▶ Ab dem Parkplatz an der **Burg Lichtenberg** 01 startet unsere

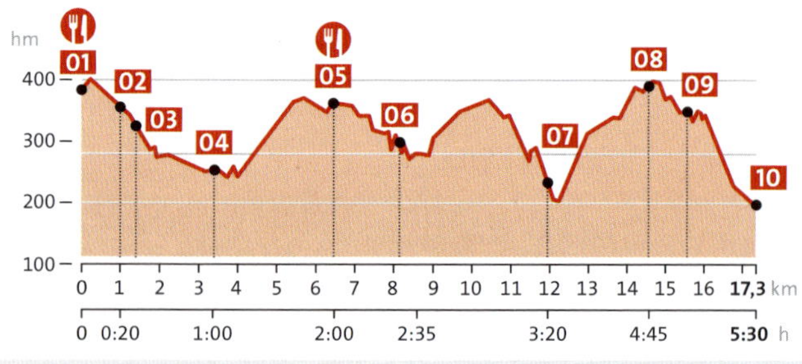

01 Burg Lichtenberg, 383 m; 02 Ruthweiler (Aussicht), 352 m; 03 fantastischer Blick, 335 m; 04 Kusel-Diedelkopf, 246 m; 05 Blaubach, 360 m; 06 Gailbach, 292 m; 07 Erdesbach, 205 m; 08 Wartekopf, 403 m; 09 Aussichtspunkt Brückenberg, 303 m; 10 Rathsweiler, 193 m

Burg Lichtenberg

Wanderung nach Osten, ein schönes Eingangstor weist den Weg zur ersten Anhöhe. Über schmale Wege folgen wir der Höhe, der Sonne entgegen. **Oberhalb des Ortes Ruthweiler (Aussicht)** 02 öffnet sich auf unserem Weg ein weiterer **fantastischer Blick** 03 zurück zur **Burg Lichtenberg**, ehe der Weg absteigt auf die ehemalige Bahntrasse, dem Fritz-Wunderlich-Radweg (benannt nach dem berühmten Tenor, der in Kusel das Licht der Welt erblickte) nach links, Richtung Kusel. Kusel ist eine Kreisstadt mit ca. 5000 Einwohnern und im touristischen Bereich zuständig für das „Pfälzer Bergland" (www.pfaelzerbergland.de). In **Kusel-Diedelkopf** 04, einem Ortsteil von Kusel, biegen wir links ab, wandern bergan, genießen nochmals die Aussicht auf die kleinste Kreisstadt Deutschlands und kommen in die Nähe des Ortes **Blaubach** 05.

Musikantenlandmuseum Burg Lichtenberg

Leitersberg
491
Forstmeister Nöhring-Hütte
490
holderer
Waldhaus
Berg
Bilmog
549
390
Wildfrauenloch
Stadtwald
Zehnbe
381
Hohe Buchen
514
Hundshübel
530
411
Eulenwald
Labert
473
Kobenrech
Breitsesterhof
456
525
Berghof
Jockelskopf
Dennweiler-Frohnbach
327
Feldwiesbach
Stegbach
Frohnbacherhof
572
Wolfsbösch
557
Stolzberg
341
420
373
Römerstraße
Kurzer Bach
Körborn
Münchhöhe
295
Thallichtenberg
Burg Lichtenberg
01
02
03
7
Eichelberg
343
Blaubach
264
Niederberg
442
Ruthweiler
DIEDELKOPF
276
Pfeffelbach
04
Fritz-Wu
Denkma
Heibelberg 264
Hubehaus
Geisberg
355
Gimberg
386
Stadt- u.
Heimatmuse
Pflugsturz
416
Bledesberg
373
Bledesbach
Bärenfelderhof
Roßberg
351
429
Ehweiler Grun
Ehweiler Höhe

Windfang
420
Hohlbusch
381
Rathsweiler
192
7
10
Draisinenstrecke
187
Haßelrot
380
Rotenberg
446
Wüstung
Erzweilerhof
400
09
186
Rotenhöh
Ulmet
Brückenberg
Schillereiche
403
08
N S G
418
Echenfels
Felschbachhof
Keltenel
Mühlweishof
459
Steinerne Mann
460
Glan
193
Balmochkopf
338
alben
396
07
Erdesbach
201
Wildgehege
"Leyser"
Sulzbach
yweilerhof
Fockenmühle
336
Patersbach
Horstwald
Bedesbac
Horstberg
218
Michelsberg
356
Bistersberg
Patersbacher Grund
06
420
Draisinenstrecke
Welzensteinerhof
Altenglan
194
berg
375
354
Kupfererzlager
Hof Sohlwald
Kreuzhof
259
Saupferch
Rammelsbach
Schlichterhof
Rechenhäuschen
Ziegelhütte
KUSEL
240
420
Steinbruchmus.
Kuselbach
Ritschmühle
334
Feist-
Streitmühle
42
0
500 m
252
Haus
Altenfeld
Remigius-
berg
Herrchen-
385
berg
wald
318
297

Blick von der Burg Lichtenberg

Fußballfans klingt dieser Name sicher bekannt im Ohr, kommt doch der ehemalige Nationalspieler Miroslav Klose aus Blaubach und ist bei der Spielervereinigung Blaubach-Diedelkopf groß geworden.

Der Veldenz-Wanderweg führt nun an saftigen Wiesen vorbei auf den Ödesberg, mit einem fantastischen Panoramablick über Kusel und zurück zur Burg Lichtenberg.

Nun steigt der Weg bergab in ein dichtes Waldgebiet, die sogenannte **Gailbach** **06**, an heißen Tagen ist es hier angenehm kühl. Doch man wäre nicht im Pfälzer Bergland, wenn der Weg nicht schon bald wieder ansteigen würde. Nicht umsonst heißt die Region auch „buckelige Welt". Durch das Gailbachtal, vorbei an Bistersberg und Hilgert, von denen aus Windräder grüßen, wandern wir teils im Wald, teils am Waldrand über die Patersbacher Höhe bis nach **Erdesbach** **07**. Hier sollte man einen Zwischenstopp einlegen. Seit 1990 gibt es eine Käserei, die auch Führungen und Verkostungen anbietet.

Nochmal kurz durchatmen, bevor es gilt, das steilste Stück dieser Etappe, den Häßelweg zu bezwingen. Die Mühe lohnt sich, denn nach der Überquerung der K 22 wandern wir durch das Naturschutzgebiet **„Wartekopf"** **08**, das sich durch eine Mischung aus Trockenrasen und Buchenwäldern auszeichnet. Ab und zu sieht man auch eine Schafherde bei der Weidepflege – die atemberaubende Fernsicht über das Glantal bis hin zum Potzberg und Königsberg ist bei schönem Wetter gewiss. Auf unserem weiteren Weg kommt ein Hinweisschild zu einem **Aussichtspunkt Brückenberg** **09** **(markiert als Zuweg)**, den sie unbedingt anwandern sollten. Eine Sitzgruppe lädt zum Verweilen und zum Bestaunen der Landschaft ein, durch die sich der Glan bei Ulmet schlängelt. Über den markierten Zuweg nach **Rathsweiler** **10** steigen wir ab ins Glantal und erreichen die Bushaltestelle in Rathsweiler.

Mit den öffentlichen Verkehrsmitteln (www.vrn.de) gelangen wir wieder zurück zum Ausgangspunkt.

NATURSCHUTZGEBIET MITTAGSFELS UND DIE ÖLMÜHLE • 193 m

Veldenz-Wanderweg Etappe 2 (Rathsweiler – Sankt Julian) – Leading-Quality-Trail

12 km | 4:00 h | 585 hm | 595 hm | 826

START | Rathsweiler, Bushaltestelle Glanstraße, 66887 Rathsweiler [GPS: UTM Zone 32 x: 388.685 m y: 5.495.110 m]
CHARAKTER | Streckenwanderung mit moderaten Auf- und Abstiegen; am Mittagsfelsen teils alpiner Charakter. Wanderschuhe empfehlenswert

Besonders reizvoll ist diese Wanderung im Frühjahr, wo z.B. die Küchenschelle im Naturschutzgebiet Mittagsfels blüht. Weiterhin ist die Ölmühle in Sankt Julian einen Besuch wert (Öffnungszeiten beachten!).

▶ In **Rathsweiler 01 an der Bushaltestelle** starten wir unsere Wanderung. Über den markierten Zuweg des Veldenz-Wanderweges, die Lichtenberger Straße stetig bergan, biegen wir scharf rechts auf den Hauptweg des Veldenz-Wanderweges. Oben angekommen werden wir mit einer herrlichen Aussicht ins Glantal belohnt.
Nun tauchen wir ein in den dichten Wald von Rathsweiler, vorbei am Eingang eines stillgelegten

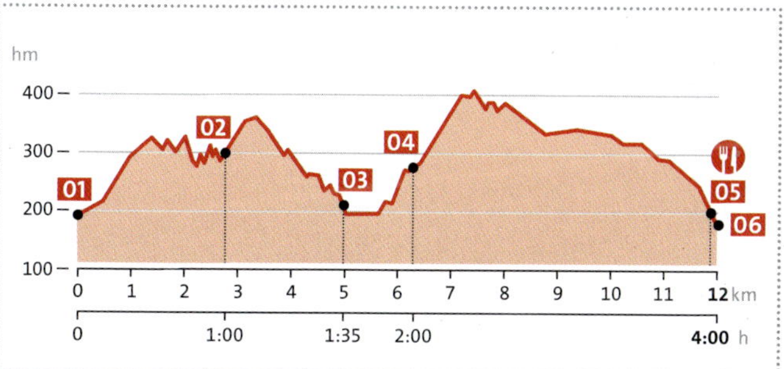

01 Rathsweiler, 193 m; 02 Kriechstollen, 283 m; 03 Töpferei Kreativ, 209 m; 04 Mittagsfels, 312 m; 05 Sankt Julian, 185 m; 06 Ölmühle Sankt Julian, 183 m

Kriechstollens 02, in dem vor langer Zeit einmal Quecksilber abgebaut wurde. Auf der saftigen Wiesenanhöhe zeigt sich uns auf Sichtnähe schon der Mittagsfels auf der anderen Seite des Tales. Doch bevor wir diesen erklimmen, steigen wir ab zur Christophelsmühle im Steinalptal. Hier töpfert leidenschaftlich Doris Horbach in ihrer **Töpferei Kreativ** 03, die sich auf einen Besuch freut.

Die Steinalp schlängelt sich idyllisch durch das Tal, bis sie bei Niederalben in den Glan mündet.

Vorbei an Pferdekoppeln überqueren wir die L169, erreichen Niederalben und wagen am Friedhof den Aufstieg ins Naturschutzgebiet **Mittagsfels** 04. Fast alpin muten diese Pfade an, der Aufstieg ist zwar lang und man benötigt festes Schuhwerk, aber so spannend und abwechslungsreich, dass die Mühe zur Nebensache wird. Seltene Pflanzen (z.B. Küchenschelle) und faszinierende Gesteinsformationen prägen den Weg. Schon beim Aufstieg öffnen sich weite Ausblicke ins Steinalptal und Glantal – und das Ganze in herrlicher Stille.

Der Mittagsfels hat seinen Namen von der Ausrichtung, der vor allem zur Mittagszeit voll in der Sonne liegt und so ein besonders warmes und trockenes Kleinklima aufweist. In Kriegszeiten wurde der Mittagsfels auch als Aussichtspunkt genutzt, da er weite Fernblicke in beide Täler bietet. Oben angelangt ist eine Rast ein Muss! Wir wandern weiter auf dem Höhenzug, verbunden mit Rundblicken, teils in Wäldern, teils über Wiesen und Felder am Rande des

Blick nach Sankt Julian

Blick vom Mittagsfels

Truppenübungsplatzes vorbei und gehen bergabwärts über den Zuweg des Veldenz-Wanderweges zu unserem Etappenziel **Sankt Julian** 05.

Die historische **Ölmühle Sankt Julian** 06 ist ein wahres Kleinod der Handwerksgeschichte. Die Mühle arbeitet seit 1730, heute allerdings nur noch zur Demonstration des Verfahrens der Ölgewinnung aus Raps, Mohn- und Leinsamen. Ein Besuch lohnt sich in der Straße „An der Lenschbach" (Terminvereinbarung: +49 (0) 171 / 263 90 76). Von hier besteht die Möglichkeit zur Rückfahrt mit dem Bus nach Rathsweiler (www.vrn.de).

Blick von Steinhorst

VOM GLANTAL INS LAUTERTAL • 183 m

Veldenz-Wanderweg Etappe 3 (Sankt Julian – Reckweilerhof) – Leading-Quality-Trail

12,4 km | 4:00 h | 371 hm | 375 hm | 826

START | Sankt Julian (B 420), 66887 Sankt Julian
[GPS: UTM Zone 32 x: 392.473 m y: 5.496.151 m]
CHARAKTER | Streckenwanderung mit moderaten Auf- und Abstiegen. Wanderschuhe empfehlenswert.

Eine Wanderung mit herrlichen Panoramaaussichten ins Glantal und ins Lautertal.

▶ Der Wanderweg startet an der B 420 an der Kirche in **Sankt Julian** 01. Wir nehmen den östlichen Zuweg des Veldenz-Wanderweges und wandern durch saftige Wiesen und Mischwälder nach **Glanbrücken** 02. Die Ortsgemeinde entstand durch die Regional- und Verwaltungsreform im Jahr 1969, in dem Niedereisenbach und Hackenbach zusammengeschlossen wurden. Hackenbach wurde 1150 erstmals erwähnt und gehörte zur Grafschaft Veldenz, später zu Pfalz-Zweibrücken und dann zu Bayern. Niedereisenbach wurde 1336 als Ysenbach erstmals genannt. Bis zur Französischen Revolution gehörte der Ort den Freiherren von Kellenbach, 1816 zum Fürstentum Lichtenberg, 1826 zum Herzogtum Sachsen-Coburg und 1834 zu Preußen.
Wir durchqueren Glanbrücken, überqueren die B 420, passieren den Glan, der parallel zum Glan-Blies-Radweg und der Draisinenstrecke (www.draisinentour.de)

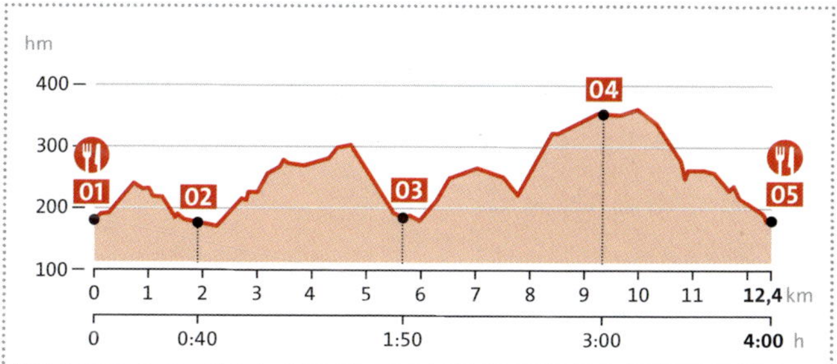

01 Sankt Julian, 185 m; 02 Glanbrücken, 178 m; 03 Nerzweiler, 196 m; 04 Pfälzer Höhenweg, 347 m; 05 Reckweilerhof, 185 m

fließt. Aus dem schönen Glantal geht es wieder in die wildere Natur des Pfälzer Berglandes und über ruhige Wege stets bergauf auf **Nerzweiler** 03 zu.

Der Ort wurde 1350 als Nertzwilre erstmals urkundlich erwähnt. Das Tal gehörte zur Kurpfalz, war aber als Lehen an die Grafen von Veldenz vergeben. 1444 gelangte Nerzweiler an Pfalz-Zweibrücken und 1755 an die Rheingrafen. Idyllisch liegt das Bauerndorf zwischen den Hügeln – wir durchqueren es und nehmen den letzten Aufstieg auf die Höhen von

Aschbach. Eine atemberaubende Aussicht über Wiesen und Felder – bei gutem Wetter mit einer kilometerweiten Fernsicht – erwartet uns hier.
Hier kreuzt der Veldenz-Wanderweg den **Pfälzer Höhenweg** 04. Wir folgen dem Hauptweg des Veldenz-Wanderweges noch ca. 1,3 km, bevor wir über den Zuweg des Veldenz-Wanderweges gemütlich unser Etappenziel, den **Reckweilerhof** 05 (www.reckweilerhof.de) mit seiner guten Gastronomie, erreichen und die müden Füße ausruhen können.

Ölmühle Sankt Julian

Der Reckweilerhof wurde 1220 als Regewilre erstmals urkundlich erwähnt und war von 1601–1635 an die Herren von Pfalz-Veldenz in Lauterecken verpachtet. Heute gehört er zu Wolfstein. Ab dem Reckweilerhof besteht die Möglichkeit mit der DB und dem Bus zur Rückfahrt nach Sankt Julian zum Startpunkt (www.vrn.de).

Oberhalb von Aschbach

WEINBERGE UND LAUTERTALSCHLEIFE • 190 m

Veldenz-Wanderweg Etappe 4 (Reckweilerhof – Reipoltskirchen) – Leading-Quality-Trail

15,5 km | 4:30 h | 430 hm | 415 hm | 826

START | Reckweilerhof bei Wolfstein, Reckweilerhof 8, 67752 Wolfstein
[GPS: UTM Zone 32 x: 399.489 m y: 5.495.990 m]
CHARAKTER | Streckenwanderung mit etlichen Auf- und Abstiegen. Wanderschuhe empfehlenswert.

Eine Wanderung vom Reckweilerhof über Heinzenhausen nach Hohenöllen mit seinen fantastischen Ausblicken, und weiter über den Hobstätterhof, Ausbacherhof nach Reipoltskirchen zur Wasserburg.

▶ Von unserem Startpunkt am **Reckweilerhof** 01 (siehe Tour 9) folgen wir dem Zuweg des Veldenz-Wanderweges, zuerst auf der Straße, dann durch das Waldgebiet zurück auf den Hauptweg des Veldenz-Wanderweges. Nach links geht es ein Stück steil den Berg hoch, danach verläuft der Weg mit sanftem Auf und Ab bis zum Waldrand. Von hier aus haben wir einen schönen **Blick** auf das Lautertal, das Höhendorf Hohenöllen und bereits das Örtchen **Heinzenhausen** 02 ist zu sehen. Über Feldwirtschaftswege steigen

01 Reckweilerhof, 185 m; 02 Blick auf Heinzenhausen, 248 m; 03 Heinzenhausen, 174 m; 04 Weinbergmauern, 236 m; 05 Hohenöllen, 290 m; 06 Sulzbach, 295 m; 07 Hobstätterhof/Pferdestall-Saloon, 324 m; 08 Ausbacherhof, 344 m; 09 Reipoltskirchen, 200 m

Oberhalb von Heinzenhausen

wir nun ins Lautertal hinab, überqueren die Bundesstraße B 270 und wandern einmal quer durch **Heinzenhausen** 03. Hinter dem Ort führt der Weg kurz steil hinauf und schlängelt sich dann auf halber Höhe weitestgehend parallel zu den Höhenlinien nach Süden bis auf die ehemalige Römerstraße kurz vor Hohenöllen. Wir streifen alte **Weinbergmauern** 04, an denen nach dem Zweiten Weltkrieg in den Steillagen verbreitet Wein angebaut wurde.

Der Veldenz-Wanderweg führt quer durch die Ortsgemeinde **Hohenöllen** 05. Hier lohnt es sich die Augen offenzuhalten. Erstens die fantastische Aussicht ins Lautertal, bei der wir für unsere Bemühungen bergauf belohnt werden. Zweitens Gottfried Bäumler, ein renommierter Künstler aus Dresden, hat im Dorf ein altes Bauernhaus mit unzähligen Skulpturen und Gemälden ausgestattet und zum Atelier und Veranstaltungsort umgestaltet.

Abwechslungsreich gestaltet sich auch unser weiterer Weg hinter Hohenöllen – über Felder, durch ein Wäldchen überqueren wir den **Sulzbach** 06 und wandern, vorbei an Weiden zum Hobstätterhof, der zur Ortsgemeinde Einöllen gehört.

Hobstätterhof

Der **Pferdestall-Saloon auf dem Hobstätterhof** 07 ist seit der Eröffnung im Jahre 2007 ein Ort für Gäste, die in einer ganz besonderen Atmosphäre Gastlichkeit genießen möchten.

Nach der nächsten Steigung und einem Blick auf das riesige Anwesen des Hobstätterhofes und einer fantastischen Fernsicht erreichen wir den **Ausbacherhof** 08. Hier findet sich ein landschaftlicher Familienbetrieb mit Direktvermarktung und Ferienwohnung der Familie Pfleger sowie ein Lern- und Erlebnisbauernhof. Die Vesperklause Rusticus bietet Gästen eine Verpflegungsstation (Öffnungszeiten beachten!).

Vom Ausbacherhof führt die Wanderung, auf dem letzten Stück, weiter über den Steinkopf, wo wir nach einer Waldpassage unser Wanderziel **Reipoltskirchen** 09 erreichen (siehe Tour 11).

Die Rückfahrt zum Startpunkt Reckweilerhof ist mit öffentlichen Verkehrsmitteln möglich (Bus nach Lauterecken, DB zum Reckweilerhof – www.vrn.de).

Lautertalschleife

SKULPTURALE KUNST UND DAS VELDENZER SCHLOSS • 198 m

Veldenz-Wanderweg Etappe 5 (Reipoltskirchen – Lauterecken) – Leading-Quality-Trail

10,7 km | 3:30 h | 304 hm | 341 hm | 826

START | Reipoltskirchen, Parkplatz, 67753 Reipoltskirchen [GPS: UTM Zone 32 x: 403.504 m y: 5.498.738 m]
CHARAKTER | Streckenwanderung mit steilen An- und Abstiegen. Wanderschuhe empfehlenswert.

Skulpturale Kunst, moderne Kunst auf einem Stück des Weges, die Wasserburg in Reipoltskirchen, die Panoramaaussichten und das malerische Veldenzstädtchen Lauterecken sind der besondere Reiz an dieser Etappe des Veldenz-Wanderweges.

▶ Unsere Wanderung startet in **Reipoltskirchen** 01, einem malerischen Ort im Odenbachtal. Nach den ersten Metern begegnen uns ungewöhnliche Objekte im Wald auf einem **Skulpturenpfad** 02. Hier hat der Landkreis Kusel in Zusammenarbeit mit Stefan Engel, dem künstlerischen Leiter, eine internationale Gruppe von Bildhauern eingeladen. Ziel der Symposien war kein barocker Skulpturengarten, sondern die Vorstellung zeitgemäßer Positionen skulpturaler Kunst. Außer-

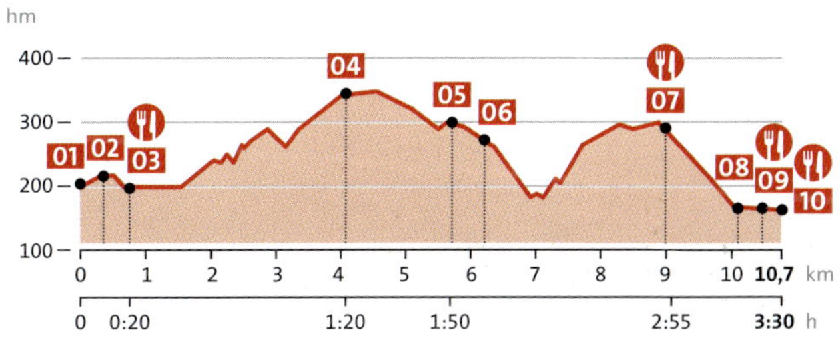

01 Reipoltskirchen, 198 m; 02 Skulpturenpfad, 214 m; 03 Wasserburg Reipoltskirchen, 202 m; 04 Aussicht nach Ginsweiler, 342 m; 05 Aussicht vom Biedenberg, 295 m; 06 Cronenberg, 275 m; 07 Hütte „Am Weiher“, 294 m; 08 Veldenz-Schloß Lauterecken, 163 m; 09 Lauterecker Brauhaus, 163 m; 10 Bahnhof Lauterecken, 162 m

Skulpturenpfad Reipoltskirchen

dem sollte Professionalität auch die kunsthistorische Bedeutung der Symposien auszeichnen. Jeweils drei Wochen lang waren im Sommer namhafte Künstler in Reipoltskirchen zu Gast, um einen vom Landkreis Kusel angelegten Rundwanderweg mit künstlerischen Gedanken zu „bepflanzen".
Kurz hinter dem Themenweg erreichen wir die **Wasserburg** 03. Es lohnt sich, die Burg zu besichtigen. In den auffällig gestalteten Geländern treffen wir auch Gottfried Bräunling wieder und der Ausblick vom Turm ist jede Stufe wert. Hier bietet sich eine kurze Rast wirklich an, es besteht auch die Möglichkeit zur Einkehr im Restaurant.

Der Veldenz-Wanderweg folgt nun Reipoltskirchen hinaus und nach wenigen Hundert Metern geht es nach links wieder auf die Höhe. Die nächsten 1,5 km sollte man gemütlich angehen – es geht richtig knackig nach oben – belohnt wird man allerdings von der fantastischen Aussicht über das Pfälzer Bergland (**Aussicht nach Ginsweiler** 04) und (**Aussicht vom Biedenberg** 05). Nun senkt sich der Weg gemächlich auf die **Ortsgemeinde Cronenberg** 06 zu, eine Erholung nach dem kräftezehrenden Aufstieg.
Cronenberg selber, eine weitere Veldenz-Ortschaft, durchqueren wir und begeben uns an den Ab-

Wasserburg Reipoltskirchen

stieg ins Sulzbachtal. Ein kleiner Bach nur, der von der Höhe munter herabschießt, in einem tiefen Einschnitt verläuft und bei Medard in den Glan mündet. Das Murmeln des Baches begleitet uns noch

Veldenzschloss in Lauterecken

eine Weile bei unserem nächsten Anstieg auf die letzte Höhe. Noch einmal können wir die natürliche Stille, das vollständige Fehlen von Zivilisationsgeräuschen genießen, das den Charakter dieses Weges immer wieder prägt. Auf der Höhe angelangt verlassen wir den Wald und nähern uns Lauterecken. Als Vorbote der Zivilisation erreichen wir die **Hütte „Am Weiher" des Pfälzerwald-Vereins Lauterecken** **07** (Öffnungszeiten beachten!).

Nun geht es nur noch bergab, die Füße laufen fast von alleine auf die Veldenzstadt Lauterecken (siehe Tour 31) zu, ein perfektes Etappenziel für einen wunderschönen Wanderweg. Wir nähern uns dem **Veldenz-Schloss Lauterecken** **08**.

1343 wurde dieses mit seinem charakteristischem Veldenzturm erstmals erwähnt. Im Schlossturm wurde Gustav Phillipp von Pfalz-Veldenz, Erbprinz der Grafschaft Veldenz über ein Jahr lang eingesperrt, ehe er dort schließlich – mutmaßlich im Auftrag seines Vaters – ermordet wurde. Hintergrund war, dass Gustav Philipp zum Katholizismus konvertiert war, was dem Vater missfiel – alle waren protestantisch.

Liebevoll wurde die Altstadt Lauterecken saniert und es gibt viel zu entdecken. Es gibt auch Möglichkeiten sich zu stärken und auszuruhen. Ob im Stadtcafe oder im Restaurant Lauterecker Toskana, im Pfälzer Hof oder im **Lauterecker Brauhaus** **09** – gut aufgehoben sind Sie in Lauterecken auf jeden Fall.

Ziel der Etappe ist der **Bahnhof in Lauterecken** **10**.

Die Rückfahrt zum Startpunkt Reipoltskirchen ist mit öffentlichen Verkehrsmitteln möglich (Bus) – www.vrn.de.

FRITZ WUNDERLICH, REMIGIUSBERG UND DER POTZBERG • 227 m

Remigius-Wanderweg Etappe 1 (Kusel – Potzberg)

14,4 km | 5:00 h | 587 hm | 257 hm | 826

START | 66869 Kusel, Bahnhof
[GPS: UTM Zone 32 x: 384.922 m y: 5.488.498 m]
CHARAKTER | Streckenwanderung mit teils steilen Anstiegen. Wanderschuhe empfehlenswert.

Der Wanderweg führt von der Fritz-Wunderlich-Stadt Kusel, am Remigiusberg und an einem Steinbruchgelände vorbei zum Potzberg mit dem Wildpark & Greifvogelzoo.

Start unserer Wanderung durch das Remigiusland ist der **Bahnhof in Kusel** 01. Mit dem Zuweg des Remigius-Wanderweges erreichen wir nach ca. 800 m die idyllisch an einem kleinen Weiher liegende Winterhelle und starten dort richtig auf dem Remigius-Wanderweg. Der Weg führt uns durch dichten Wald, vorbei am Waldklassenzimmer und der **Rübezahlbank** 02. Viele Laubbäume, darunter knorrige Mammutbäume prägen den Wald neben dem Weg, wir erreichen die Anhöhe in Haschbach und werden schon mit dem Blick auf den Remigius-

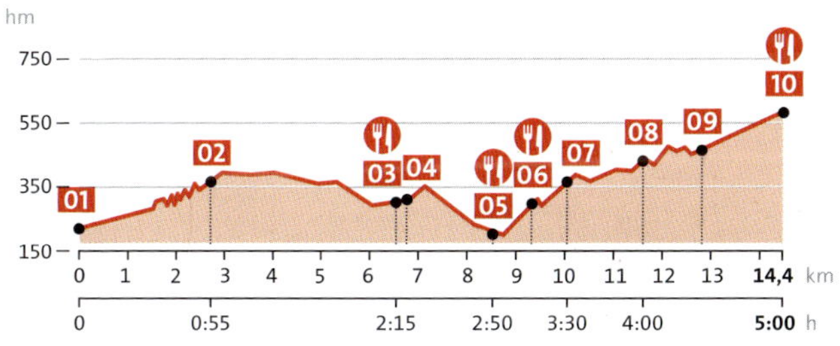

01 Bahnhof Kusel, 229 m; 02 Rübezahlbank, 380 m; 03 Probstei „St. Remigii“, 305 m; 04 Steinbruchgelände, 307 m; 05 Bahnhaltepunkt, 207 m; 06 Buchwaldhütte, 302 m; 07 Alteburg, 388 m; 08 Stollenquelle, 468 m; 09 Dreieckiger Stein, 476 m; 10 Potzberg, 562 m

berg belohnt. Mit einem kleinen Abstecher **(Zuweg ausgeschildert)** sind die **Probstei „St. Remigii“ 03**, **Burgruine Michelsburg** und das Restaurant **„Zur Alten Probstei“** schnell zu erreichen.

Auf unserem weiteren Weg tauchen wir im Steinbruch zwischen Haschbach und Theisbergstegen in die geologische Vielfalt der Region ein, tiefe Blicke in Millionen Jahre, auf einem geologischen Lehrpfad mit Informationstafeln geht es durch das **Steinbruchgelände 04** und schlägt die Brücke zwischen geologischer Vergangenheit und heutiger Nutzung.

Das Steinbruchmuseum Rammelsbach liegt ganz in der Nähe und ist durch den ausgeschilderten Zuweg nach Rammelsbach schnell zu erreichen (Tel. +49 (0) 63 81 / 42 42 70).

Vom Remigiusberg steigen wir ins Glantal nach Theisbergstegen ab. Hier können bei den Storchenfreunden Glantal Störche innerhalb und außerhalb der Voliere bewundert werden. Die meisten Tiere wohnen ganzjährig im Glantal und sorgen für ausreichend Storchennachwuchs (www.storchenfreunde-glantal.de).

In Theisbergstegen gibt es mehrere Gelegenheiten zur Rast und Einkehr sowie einen **Bahnhaltepunkt 05**.

Gleich hinter dem Ort an der sonntags geöffneten **Buchwaldhütte 06** des Pfälzerwald-Vereins Theisbergstegen (www.pwv-theisbergstegen.de) beginnt der

Blick nach Gimsbach

Blick vom Potzbergturm

Aufstieg durch das Landschaftsschutzgebiet „Potzberg". Vorbei an den Resten der **Altenburg** 07 geht es stetig durch die wunderschönen Wälder bergan. An der **Stollenquelle** 08, bei den Einheimischen als Gelbes Wasser bekannt, sollte man seine Flasche nicht auffüllen: Die gelbe Farbe aus dem Eisenerz des ehemaligen Stollens herausgespült färbt den Weg, Finger und Schuhe und – für Experimente bestens geeignet – Taschentücher erkennbar gelb.

Kirche St. Remigii

Der Weg passiert den **„Dreieckigen Stein"** 09, einen Grenzstein, der die Gemarkungsgrenzen der drei Ortsgemeinden Ginsbach, Theisbergstegen und Rutsweiler am Glan markiert.

Auf dem Gipfel angekommen belohnen wir uns mit einem kurzen Abstecher auf den Aussichtsturm in 562 Meter Höhe, dem **Potzberg** 10. Die Aussicht über das Pfälzer Bergland bis zum Donnersberg und Kaiserslautern ist beeindruckend.

Nicht verpassen sollte man einen Besuch im Wildpark Potzberg mit seiner einmaligen Greifvogelschau. Die rustikale Holzhütte des Wildparks bietet sich für eine gemütliche Einkehr an, auch ohne Wildparkbesuch.

Die Rückfahrt zum Startpunkt ist zuerst mit dem Bus nach Altenglan und ab dort mit der DB nach Kusel möglich (www.vrn.de).

REICHENBACHTAL UND WOLFSKIRCHE • 546 m

R

Remigius-Wanderweg Etappe 2 (Potzberg – Bosenbach)

11,6 km | 4:00 h | 275 hm | 575 hm | 826

START | Wildpark Potzberg, 66887 Föckelberg
[GPS: UTM Zone 32 x: 390.041 m y: 5.486.567 m]
CHARAKTER | Streckenwanderung mit moderaten An- und Abstiegen. Wanderschuhe empfehlenswert.

Nach herrlichen Aussichten vom Potzberg führt die Wanderung über die für Kulturliebhaber lohnenswerte Wolfskirche mit wunderschönen Wandmalereien, bevor die Tour in Bosenbach endet.

▶ Vom Parkplatz des Wildparks **Potzberg** 01 aus führt der Zuweg Remigius-Wanderweg vorbei am Aussichtsturm auf den Hauptweg des Remigius-Wanderweges. Wir wandern nun immer an der Grenze des Wildparks entlang, manchmal begleitet von neugierigem Damwild auf der anderen Seite des Zaunes. Am südlichen Ortseingang von Föckelberg lassen wir den Wildpark hinter uns und wandern nach Osten in den Ort **Föckelberg** 02.
Erwähnt wurde Föckelberg als „Fockelnberg" das erste Mal 1397. Bei Goswin Widder erscheint die heutige Bezeichnung um 1788. Es handelt sich bei dem Namen um eine Siedlung eines Mannes namens Fockilo am Berg. Am

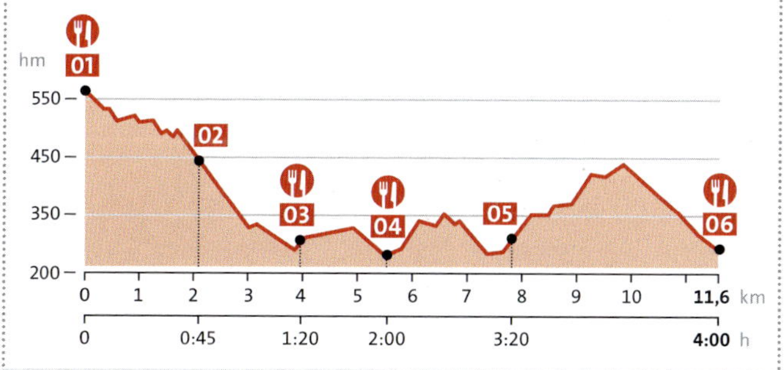

01 Potzberg, 562 m; 02 Föckelberg, 407 m; 03 Oberstaufenbachermühle, 255 m; 04 Niederstaufenbach, 242 m; 05 Wolfskirche, 248 m; 06 Bosenbach, 255 m

Ortsausgang genießen wir noch einmal den weiten Blick auf das **Reichenbachtal** bis hin zum Selberg, ehe wir den steilen Abstieg – 210 m geht es auf 2,2 km Strecke bergab – beginnen. Auf Höhe der **Oberstaufenbachermühle** **03** durchqueren wir den Ort.

Die Oberstaufer Mühle war eine der vielen Wassermühlen, welche man in den vergangenen Jahrhunderten in der Westpfalz an fast jedem Bach antraf. Ihr Wasser bezog sie vom Reichenbach, der in der Ortsmitte in einen Mühlenkanal umgeleitet wurde. Man vermutet, dass die Mühle im 16. Jh. schon bestanden hat. Im 30-jährigen Krieg zerstört, wurde sie 1662 bereits wieder betrieben. Nach öfterem Besitzerwechsel übernahm die Mühle 1937 die Familie Franzmann; die Mühle mahlte noch immer Schrot für das Vieh. 1977 kaufte und renovierte die Familie Falter die Mühle, gleichzeitig wurde sie unter Denkmalschutz gestellt. Danach kaufte sie die Familie Kamelamela, die sie bis heute bewohnt; das Mühlrad dreht sich aber nicht mehr.

Wir wandern oberhalb des Reichenbachs nach **Niederstaufenbach** **04**.

Man vermutet die Gründung dieses Ortes in das 8. oder 9. Jh. Im 14. Jh. kommt der Ort als Reichspfand an die Grafschaft der Wild- und Rheingrafen von Grumbach. 1595 kam er zur Pfalzgrafschaft Zweibücken. Ab 1816 bis 1945 bayrisch, gehört der Ort heute zur Verbandsgemeinde Altenglan.

Hinter Niederstaufenbach verläuft der Remigius-Wanderweg auf einem ansteigenden Pfad auf den Wallersberg. Nach der Waldpassage ist von der Anhöhe die **Wolfskirche** **05** von Bosenbach schon von weitem zu sehen.

Die Wolfskirche ist eine ehemalige Kirche, die zu Beginn des 14. Jh. zwischen den Dörfern Bosenbach, Friedelhausen und Niederstaufenbach errichtet wurde. Erhalten ist der Ostturm, dessen Untergeschoss bedeutende Seccomalereien (Trockenmalerei) aus dem Jahre 1320 bis 1340 enthält.

Wir wandern weiter, bergan über den Lembacher Berg zum Schmitzer Hübel, immer mit tollen Aussichten ins Pfälzer Bergland. Auf der geteerten Straße folgen wir nun dem Zuweg Remigius-Wanderweg nach **Bosenbach** **06** zu unserem Etappenziel. Im 30-jäh-

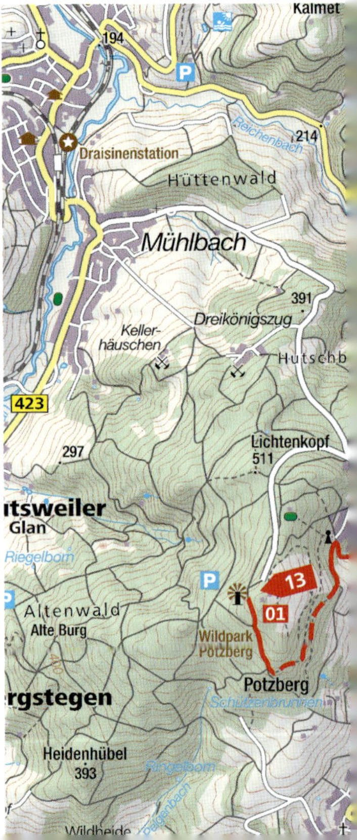

Wolfskirche

Oberstaufenbachermühle

rigen Krieg bestand Bosenbach aus zwei Orten, die später zusammengelegt wurden. Der Lanzenbach trieb im 18. Jh. eine kleine Mühle an, 1850 errichteten Bauern eine Genossenschaftsmühle, die bis zum Beginn des 20. Jh. betrieben wurde. Die Rückfahrt zum Startpunkt auf dem Potzberg ist mit dem Ruftaxi (Tel. +49 (0) 63 83 / 14 60) möglich (Bitte 60 Minuten vor Abfahrt anrufen!).

Blick nach Föckelberg

LANDSCHEIDHÜTTE, RUINE SPRENGELBURG UND SEGELFLIEGER • 255 m

Remigius-Wanderweg Etappe 3 (Bosenbach – Wolfstein)

21,1 km | 6:30 h | 571 hm | 637 hm | 826

START | Bosenbach, Hauptstraße, 66887 Bosenbach [GPS: UTM Zone 32 x: 393.610 m y: 5.488.499 m]
CHARAKTER | Streckenwanderung mit teils heftigen An- und Abstiegen. Wanderschuhe und Wanderstöcke empfehlenswert.

Von Bosenbach über die Landscheidhütte, Ruine Sprengelburg und den Segelflugplatz nach Wolfstein.

Ab **Bosenbach** 01 folgen wir dem Zuweg Remigius-Wanderweg der Hauptstraße entlang und kommen am Schmitzer Hübel auf den Hauptweg des Remigius-Wanderweges. Am Hang des Trautmannsbergs geht es in Richtung Eßweiler immer wieder bergauf und bergab, typisch Pfälzer Bergland. Über schmale Pfade geht es durch Wald – hier hört man wirklich seine eigenen Schritte, den Wind und die Vögel – sonst genießen wir die Stille. Wir steigen ab ins Talbachtal und erreichen bald die **Landscheidhütte** 02 (täglich außer Donnerstag geöff-

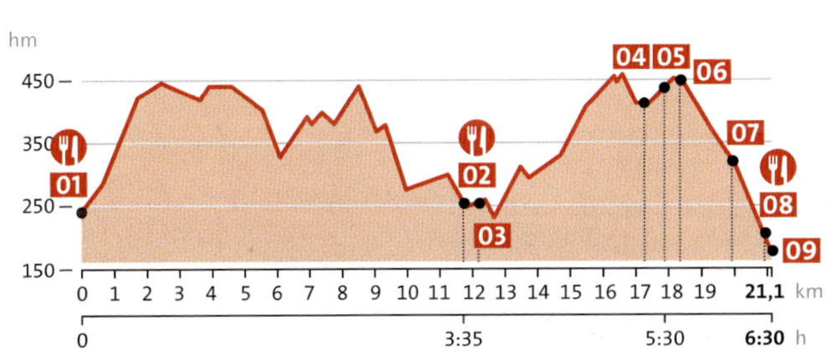

01 Bosenbach, 255 m; 02 Landscheidhütte, 268 m; 03 Ruine Sprengelburg, 269 m; 04 Segelfluggelände Eßweiler, 408 m; 05 Pfälzer Höhenweg, 455 m; 06 „Weißer Punkt", 391 m; 07 Königsland-Jugendherberge Wolfstein, 320 m; 08 Landgasthof Hotel Königsberg, 200 m; 09 Bahnhof Wolfstein, 189 m

net, Tel. +49 (0) 63 04 / 636), die zu einer wohlverdienten Rast einlädt. Von der Landscheidhütte ist es nicht mehr weit bis zur **Ruine Sprengelburg** 03. Ursprünglich im 13. Jh. an der engsten Stelle des Tales erbaut, wurden die Mauern und der runde Bergfried im 20. Jh. aus den bei Ausgrabungen gefundenen Steinen wieder aufgebaut. Auffällig sind die Mammutbäume am Waldrand von Eßweiler. Vor vielen Jahren durch die Ortsgemeinde gepflanzt, sind sie nun zu stattlichen und wunderschönen Solitärbäumen herangewachsen. Sehr idyllisch verläuft der Remigius-Wanderweg über schmale Pfa-

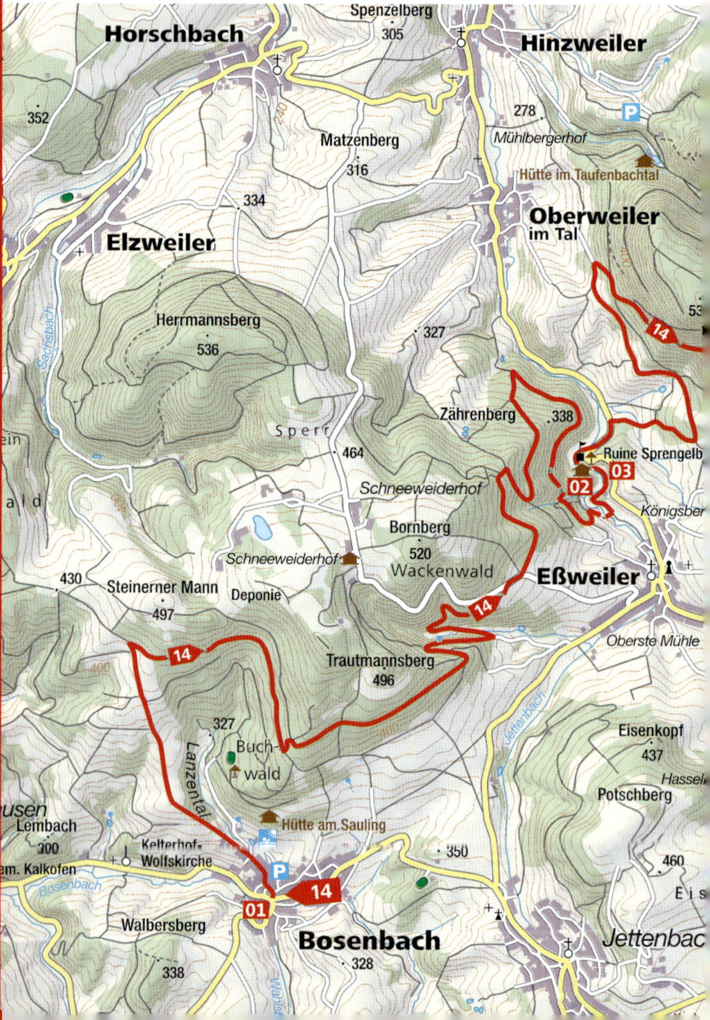

de weiter. Nach wenigen Hundert Metern überqueren wir die L372 und können dort einen weiteren besonderen Baum bewundern, eine alte Eiche. Von dort an wandern wir stetig ansteigend wieder durch den Wald, danach am Waldesrand entlang in den Königsberg hinein, der nun Ausblicke zurück zum Potzberg ermöglicht. Der Remigius-Wanderweg führt am **Segelfluggelände Eßweiler** 04 vorbei, wo bei gutem Wetter und etwas Glück auch Segelflieger beobachtet werden können.

Der Remigius-Wanderweg führt weiter bergauf und erreicht schon bald den **Pfälzer Höhenweg** 05.

Ruine Sprengelburg

Hier endet der Remigius-Wanderweg offiziell.
Ab hier folgen wir ca. 800 m in östlicher Richtung der **Markierung „Weißer Punkt“ 06**, die uns auf den Hauptweg des Pfälzer Höhenweges bringt. Wir biegen links ab und wandern über Freiflächen und Offenlandschaften Wolfstein (siehe Tour 32) entgegen. Auf dem letzten Stück kommen wir noch an der **Königsland-Jugendherberge Wolfstein 07** (www.diejugendherbergen.de) vorbei, wandern durch die schöne Altstadt mit dem Rathaus, dem **Landgasthof Hotel Königsberg 08** und alten Musikantenhäusern zum Endpunkt, dem **Bahnhof Wolfstein 09**.
Die Rückfahrt zum Startpunkt auf den Potzberg ist mit dem Ruftaxi (Tel. +49 (0) 63 83 / 14 60) möglich. (Bitte 60 Minuten vor Abfahrt anrufen!).

Café DenkMal

POTZBERG – DER ADLERBERG • 552 m

POTZBERGVEREIN

Quecksilberabbau, Wildpark und Greifvogelzoo

7,4 km · 3:00 h · 255 hm ↗ · 255 hm ↘ · 826

START | Parkplatz Potzberg, 66887 Föckelberg
[GPS: UTM Zone 32 x: 390.016 m y: 5.486.580 m]
CHARAKTER | Rundwanderung mit moderaten Auf- und Abstiegen durch viele Waldpassagen. Wanderschuhe empfehlenswert.

Eine Wanderung mit einem in der zweiten Hälfte der Wanderung steilerem Aufstieg. Durch den Wildpark und Greifvogelzoo auf dem Potzberg eine familiengerechte Wanderung.

▶ Wir starten am **Parkplatz Potzberg** 01 am ehemaligen Hotel, das leider seit längerem geschlossen hat. Als erstes besteigen wir den **Potzbergturm** 02, einen ca. 54 m hohen Aussichtsturm. Der Turm wurde 1952 eingeweiht und bietet einen fantastischen Blick in alle vier Himmelsrichtungen. Besonders schön ist der morgendliche Blick, wenn der Nebel im Tal liegt. Nun beginnen wir unsere Wanderung. Wir wandern erst ca. 300 m bergab, Richtung Süden, bis zu einem Wegweiser mit Kilometerangaben (Remigius-Wanderweg).
Weiter, rechtwinkelig nach rechts, folgen wir nun dem breiten Weg

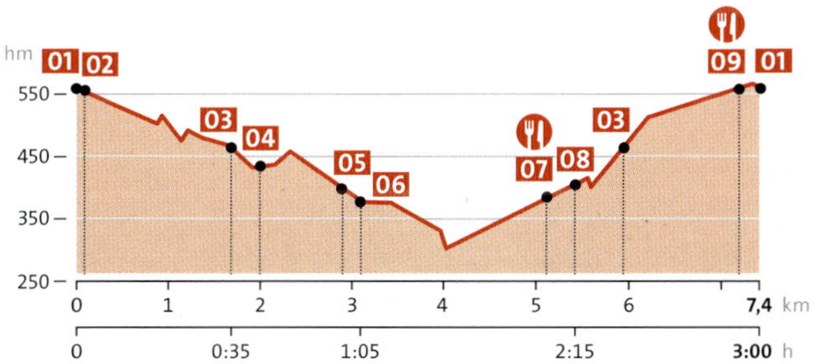

01 Parkplatz Potzberg, 552 m; 02 Potzbergturm, 558 m; 03 Kalescheiche, 463 m; 04 Faulenborn, 428 m; 05 Dreikönigszug, 389 m; 06 Blick Altenglan, 375 m; 07 Ottilienquelle, 352 m; 08 „Gelbes Wasser" (Stollenquelle), 397 m; 09 Wildpark & Greifvogelzoo, 552 m

Brunnenanlage Faulenborn

bis zu einer Wegspinne, gekrönt von einem stattlichen Baum. Nach rechts abbiegend gehen wir mit der Markierung weiter und erreichen nach ca. 1 km wieder eine Wegespinne mit der **Kalescheiche** 03.

Der Name stammt von einem vierrädrigen Reisewagen (Kalesche). Von hier wurde früher der Pfarrer zum sonntäglichen Gottesdienst mit einer Kalesche abgeholt. Wir gehen geradeaus (nicht links oder rechts!) den Wiesenweg hinein und kommen zum **Faulenborn** 04, einer Brunnenanlage. In der Gegend um den Potzberg gab es um 1788 25 Quecksilber-Bergwerksfelder. Auf einer Tafel wird die Geschichte eindrucksvoll erzählt.

Den Weg weiter abwärts durchqueren wir den kleinen Ort **Dreikönigszug** 05, einst das wichtigste Grubenfeld im Potzberg. Nach der Siedlung blicken wir rechter Hand nach **Altenglan** 06. Vorbei an der kleinen Wohnsiedlung Kellerhäuschen geht es nun aufwärts zur Hütte an der **Ottilienquelle** 07, die sonn- und feiertags die Wanderer zur Rast einlädt (Öffnungszeiten beachten!). Weiter aufwärts, an der nächsten Wegekreuzung, läuft **„Gelbes Wasser“ (Stollenquelle)** 08 aus dem Berg. Bei dem im Volksmund bezeichneten „gelben Wasser“ handelt es sich um den Grund- und Entwässerungsstollen des Quecksilberbergwerkes „Davidskrone“.

Immer bergwärts kommen wir nun wieder zur **Kalescheiche** 03. Zum weiteren Anstieg nehmen wir nun den schmalen Pfad (neben der Bank den Hang hoch!) und überqueren nach ca. 500 m die Straße zum Potzberg.

Parallel zur Straße, aber im Wald, folgen wir nun der Straße, am Sportplatz vorbei, wieder zum Ausgangspunkt, dem **Parkplatz Potzberg** 01.

Hier lohnt sich auf jeden Fall ein Besuch im **Wildpark & Greifvogelzoo** 09, der einen großen Namen in der Zucht von Greifvögeln hat. Hier besteht auch die Möglichkeit zur Einkehr, bei der man mit fantastischer Aussicht belohnt wird.

Wildpark & Greifvogelzoo Potzberg

PFÄLZER MUSIKANTENWEG • 269 m

Die Mackenbacher (Fertigstellung 2017)

26,6 km 7:00 h 618 hm 607 hm 826

START | Parkplatz in der Herrenbergstraße, 66879 Reichenbach-Steegen [GPS: UTM Zone 32 x: 393.410 m y: 5.484.707 m]
CHARAKTER | Wanderung mit moderaten An- und Abstiegen; Wanderschuhe empfehlenswert.

Die Geschichten der Wandermusikanten, „der Mackenbacher“, wird uns bei dieser landschaftlich reizvollen Wanderung bildlich näher gebracht.

Die Wanderung startet in **Reichenbach-Steegen** 01 in der Herrenbergstraße.
In einer Landbäckerei kann man sich mit Proviant eindecken.
Wir gehen auf dem Zuweg des Pfälzer Musikantenweges nach Norden, am Herrenbergerhof vorbei, immer aufwärts zum Hauptweg an der Gemarkung **Krämel** 02.
Hier oben besteht schon die erste faszinierende Fernsicht, die wir bei dieser Tour noch oft genießen werden. Wir halten uns links, wandern um den Krämel, an einer alten Eiche vorbei. Wir halten uns nun auf dem Hauptweg links und gehen durch herrliche Waldpassagen auf das Musikantendorf Jettenbach zu. Bevor wir jedoch in den Ort gelangen werden wir

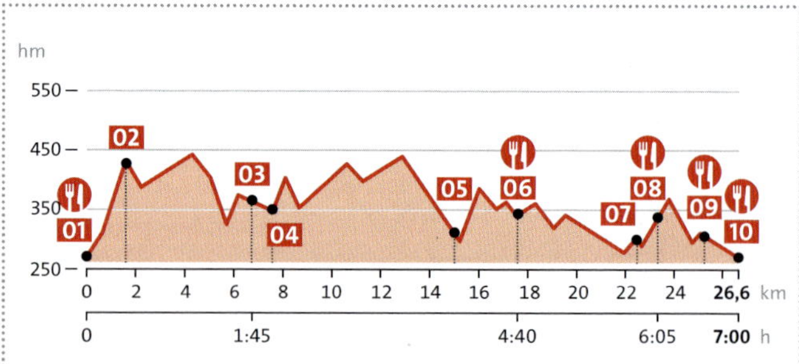

01 Reichenbach-Steegen, 268 m; 02 Krämel, 419 m; 03 Aussicht Potzberg, 362 m; 04 Jettenbach, 316 m, 05 Tropfsteinhöhle, 309 m; 06 Kollweiler, 337 m; 07 „Monkey-Kletterwald“, 288 m; 08 Langenfelder Hof, 333 m; 09 Restaurant Golfclub, 289 m; 10 Musikantenmuseum Mackenbach, 269 m

Musikantenhaus in Jettenbach

noch mit einer wunderschönen **Aussicht zum Potzberg** 03, mit seinem charakteristischen Aussichtsturm (siehe Tour 15), belohnt.

Jettenbach 04 wird nicht umsonst als Musikantendorf bezeichnet, es kann zahlenmäßig die meisten **Wandermusikanten** des Westpfälzer Musikantenlandes aufweisen. Wandermusikanten (ab 1830 – 20. Jh.) waren Berufsmusiker, welche in der Fremde ihren Lebensunterhalt verdienten. Viele Relikte, wie die Musikantenhäuser, Musikantenbrunnen und der Musikantendom sind heute noch zu erkennen.

Wir wandern über den Korbüsch-Hof, überqueren die L372, weiter auf den Höhen zum Galgenberg mit Aussicht Richtung Lautertal. Einen Wiesenweg und das Hummestal abwärts gelangen wir zur kleinen **Tropfsteinhöhle** 05, einem ehemaligen Bergwerksstollen.

Im Jahre 1911 entdeckten zwei Erzenhauser Bürger am Westhang das Mundloch eines Stollens, als sie eine dort austretende Wasserader fassen wollten. Es eröffnete sich ihnen ein etwa 1,80 m hoher Stollen von insgesamt 76 m Länge. Die Tropfsteinhöhle ist von Ende April bis September geöffnet. Für eine kostenlose Besichtigung ist eine Taschenlampe und festes, wasserdichtes Schuhwerk unbedingt erforderlich.

Wir wandern nun ins Tal, halten uns rechts und gehen gleich wieder rechts hoch nach **Kollweiler** 06.

Der Ort mit seinem schönen Dorfplatz und einer Landbäckerei ist idyllisch eingebettet in einer wunderbaren Landschaft mit Steilhängen, Feldern, Weiden und Streuobstwiesen.

Durch Wiesen- und Waldpassagen überqueren wir erst die L369 und wandern über die Mühlhöhe, überqueren die L372 und erreichen bald eine Schutzhütte, die zum Rasten einlädt.

Parallel zur ehemaligen Bahnlinie – heute Radweg – kommen wir zum **„Monkey-Kletterwald“** 07, Workshops werden angeboten (www.monkeyhardware.com), denn klettern mit Spanngurten ist baumschonend.

In unmittelbarer Nähe stehen zwei Steinkreuze. Diese beiden Sühnekreuze wurden errichtet, so wird geschrieben, weil hier ein Schneider (Schere) und ein Stri-

Bosenbach
Walbersberg
338
328
Niederstaufen-
bachermühle
232
Schwindlerbuckel
371
Röhlhof
Niederstaufenbach
Karlsbrunnen
berg
Platte
Reichenbach
Steinkohle
Leonhardsbrunnen
Petersbrunnen
Krämel
433
Heiden-
burg
Gangelborner-
hof
449
Spannag
Pfarrwald
335
Oberstaufenbach
261
382
Birkenhof
nkirchen
Ölhöhe
Wintergrund
Herrenberger-
hof
Dietenh
388
Finkenberg
377
Kaulbach
279
Albersbach
Reichenbach-
347
-Steegen
Hasenbrunnen
Rockenbach
316
Auf der Hart
373
Hilschberg
391
331
301
Fockenberg-
Limbach
Wachthübel
305
360
Fünfeckstein
362
Schwanden
276
Jakobsbrunnen
295
Hebenhübelerh
Pfaffenbach
Kottweiler-
Schwanden
299
Stickelbachtal
Wüstenberg
294
Dachsberg
295
276
Heidenhübel
Schwanderbach
244
Krappsack
Auf der
16
01
02
03
04

Sonnenhof
Grundwoog
426
Götzenhöll
362
Striethwald
Frankelba
392
buschhütte
434
235
Korbüschhof
Galgenberg
Teufelstein
Waldklassen-
zimmer
An der
Wettereiche
16
393
443
Gosenbergerhof
06
Platte
452
Perlenberg
Kollweiler
05
387
Hummestal
Tropfsteinhöhle
Wirbelhecke
Eichbusch
339
Humberg
16
Pörrbach
Eulenkopf
335
294
Schwedelbacher-
mühle
Erzenha
322
237
Rischbach
Schwedelbach
Pottaschen-
weiher
260
Kiefernkopf
Steinkreuz
07
Monkey
Kletterwald
304
284
290
16
Walberwoog
Weilerbach
In den
Fischäckern
Mackenbacher Dell
Eichwieserhof
298
Langenfelderhof
Preßbachgrund
251
09
16
268
Musikantenmus.
Hardtwald
10
16
239
302
Mackenbach
Schellenb
0
500 m
enbergerhof
Forsthaus
Mackenbach
Schanzen

Westpfälzer Musikantenmuseum

cker (Wetzrillen) in Streit geraten seien und sich dabei gegenseitig erschlugen.

Wir folgen nun weiter der Markierung zum nächsten Wegweiser **„Langenfelder Hof“** 08, hier besteht die Möglichkeit zum Abstecher ins Hofcafé (Öffnungszeiten beachten!).

Weiter führt der Weg am Rande des Golfplatzes Mackenbach entlang, mit herrlicher Aussicht nach Westen ins Sickinger Land, am **Restaurant** des **Golfclubs** 09 (www.golfclub-barbarossa.de) vorbei.

Wir wandern nun die Straße abwärts, überqueren nochmals die L 376 und gelangen, am Sportplatz vorbei, zur Paul-Münch-Straße, einem kleinen Pfad und der Mozartstraße zum Westpfälzer **Musikantenmuseum** in **Mackenbach** 10 (www.musikantenmuseum.de).

1991 eröffnet, ist dieses Museum ein Kleinod und sehr sehenswert. Die Geschichte der oben beschriebenen Wandermusikanten wird hier interessant den Besuchern dargebracht. Im Volksmund heißen die Wandermusikanten heute noch „Die Mackenbacher“.

Zahlreiche Musikantenhäuser sind auch heute noch im Musikantendorf Mackenbach zu finden. Und welche Verbindung Frank Sinatra mit Mackenbach hatte, das erfahren Sie im Musikantenmuseum.

Aussicht zum Potzberg

TEUFLISCHE ANSTIEGE UND HIMMLISCHE AUSSICHTEN • 205 m

Teufelstour

15 km | 5:00 h | 400 hm | 400 hm | 826

START | Bahnhof in Olsbrücken/Parkplatz, Am Bahnhof 1, 67737 Olsbrücken [GPS: UTM Zone 32 x: 402.526 m y: 5.488.172 m]
CHARAKTER | Anspruchsvolle Streckenwanderung, mit länger anhaltenden Steigungen. Bei nassem Wetter schwer zu wandern. Wanderstocke und Wanderschuhe sehr empfehlenswert. NIchts für Anfänger!

Die Teufelstour ist eine anspruchsvolle Streckenwanderung, wie im Flyer der Verbandsgemeinde Otterbach-Otterberg beschrieben, mit „teuflischen Anstiegen und himmlischen Aussichten“ und das ist nicht übertrieben. Die ganze Tour ist mit dem Logo des 1. FC Kaiserslautern markiert und bringt uns 300 Millionen Jahre Erdgeschichte näher, wunderschöne Aussichten und etliche geologische Hinweistafeln runden das Bild ab.

▶ Unsere Wanderung startet am **Wanderbahnhof Olsbrücken** 01 und führt die Straße „Am Bahn-

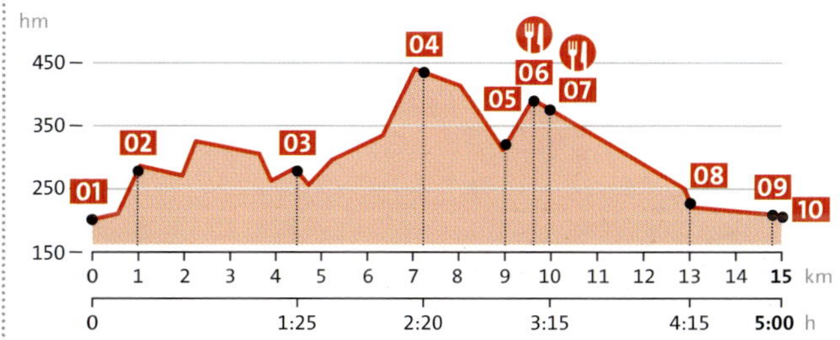

01 Wanderbahnhof Olsbrücken, 205 m; 02 Landschaft im Wandel, 282 m; 03 Teufelstein, 304 m; 04 Steinbruch Sulzbachtal, 436 m; 05 Schlucht Dieterswald, 335 m; 06 Beere(n)wein-Museum Eulenbis, 377 m; 07 Emmerwiesenhof, 372 m; 08 Hirschhorner Bordenmühle, 211 m; 09 Mineralien-/Fossilienausstellung, 215 m; 10 Bahnhof Sulzbachtal, 212 m

Aussicht auf Frankelbach

hof“ nach Nordwesten entlang. Vor dem Bahnübergang (rechter Hand) biegen wir links in einen Feldweg ein und wandern zu unserem ersten Ziel, **„Landschaft im Wandel“ 02**.

Die erste Aussicht auf den Kreimbach-Kaulbacher Steinbruch ist lohnenswert. Weiter geht der Weg größtenteils über Pfade, zu einem weiteren Aussichtspunkt oberhalb von Frankelbach. Verträumt liegt der Ort im dem vor uns liegendem Talkessel.

Nach ca. 700 m erreichen wir den **Teufelstein 03**, der Namensgeber dieses Premiumweges.

Durch Untersuchungen im Jahre 1925 wurde bekannt, dass es sich hier nicht um eine frühgeschichtliche Opferstätte handelt, sondern um einen römischen Steinbruch aus dem 3./4. Jahrhundert. Weiterhin wurde auch im Mittelalter bis hin in die jüngste Vergangenheit der Fels an einigen Stellen weiter ausgebeutet. Belegt wurde dies durch Spuren der Steinbearbeitung und an den Merkmalen der Arbeitstechnik.

Über gut markierte Pfade geht es wieder den Wald hoch, zum **Steinbruch Sulzbachtal 04**. Der Sandsteinabbau begann in Olsbrücken schon Anfang des 19. Jahrhunderts. Die Sandsteinbrücke auf den beider Sulzbacher Gemarkungen wurden dagegen erst um 1890 in Betrieb genommen. Vielen

Einheimischen, aber auch Auswärtigen, gaben sie Arbeit und Brot in einer Zeit, als die Steingewinnung noch überwiegend in Handarbeit erfolgte. Die gelben und roten Sandsteine wurden außer für den Hausbau auch für Kirchenbauten und Denkmäler genutzt (auch z. B. für das Berliner Reichstagsgebäude als Blendsteine).

Die Teufelstour bietet nach der Geologie nun 360°-Rundumblicke in die buckelige Welt, wie diese Region genannt wird. Ein weiteres Highlight auf unserem Weg ist nun eine **Schlucht im Dieterswald** **05**, unterhalb von Eulenbis (vorsicht bei feuchtem Wetter!). Nach einem kleinen Anstieg kommen wir nun zum Höhendorf Eulenbis.

Ein Abstecher in das **Beere(n)-wein-Museum** in **Eulenbis** **06** lohnt sich (Umweg ca. 500 m).

Wir biegen links in die Friedhofsstraße in Eulenbis und kommen nun zum **Emmerwiesenhof** **07**; köstliche Speisen im Gasthof und die faszinierende Panoramaaussicht in Richtung Kaiserslautern ist atemberaubend .

Die Tour verläuft noch ein Stück die geteerte Straße entlang, bis ein Feldweg rechts abbiegt. Abwärts wandernd durch den Schwarzwald, vorbei an geologischen und kulturellen Informationstafeln, sehen wir im Lautertal schon die

Blick von Eulenbis

Hirschhorner Bordenmühle **08**. Früher eine Sägemühle, ist sie heute eine „Schönheits-Mühle". Durch das Mooslautertal erreichen wir unseren Zielpunkt, den **Bahnhof in Sulzbachtal** **10**. Es besteht die Möglichkeit in Sulzbachtal eine **Mineralien- und Fossilienausstellung** **09** zu besuchen (Hebelstraße 4, Tel. +49 (0) 63 08 / 99 0 90, www.annsus.com). Ab dem Bahnhof haben Sie zwei Möglichkeiten zum Startpunkt der Wanderung nach Olsbrücken zu kommen. Entweder Sie wandern das letzte Stück (Pfeilwegweiser mit gelber Spitze, ca. 2,5 km) zum Olsbrücker Bahnhof oder Sie nehmen den Zug, der stündlich durch das Lautertal fährt.

Teufelstein

HINKELSTEINWEG – SÜDROUTE • 254 m

Abteikirche und Mehlinger Heide

21,1 km | 5:30 h | 300 hm | 300 hm | 826

START | Stadthalle in 67697 Otterberg
[GPS: UTM Zone 32 x: 411.196 m y: 5.483.880 m]
CHARAKTER | Der Hinkelsteinweg ist ein Prädikatsweg mit einer Länge von ca. 39 km. Namensgeber ist ein Menhir (alter Grenzstein), der schon 891 urkundlich erwähnt wurde.

Bei der Südroute wird der Namensgeber „Hinkelstein" nicht angewandert. Der Weg ist das ganze Jahr begehbar, hat aber speziell im August seinen Reiz, wenn die Mehlinger Heide blüht. Sie zählt zu einer der größten Heidegebiete Südwestdeutschlands. Am Rande der Heide kann man in der urigen Flammkuchenhütte einkehren (www.flammkuchen-huette.de – Öffnungszeiten beachten!) Ein Besuch in der Altstadt Otterberg, mit der Abteikirche und der Schmiede Theiß, ist lohnenswert.

▶ Wir folgen ab der **Stadthalle in Otterberg** 01 der Markierung Hinkelsteinweg an der Stadtmauer entlang, biegen rechts ab bis zur Lauterer Straße und wieder links in einen kleinen Pfad, der bis zur **Kneippanlage** 02 führt. Wir wandern weiter zu den Tennisplätzen,

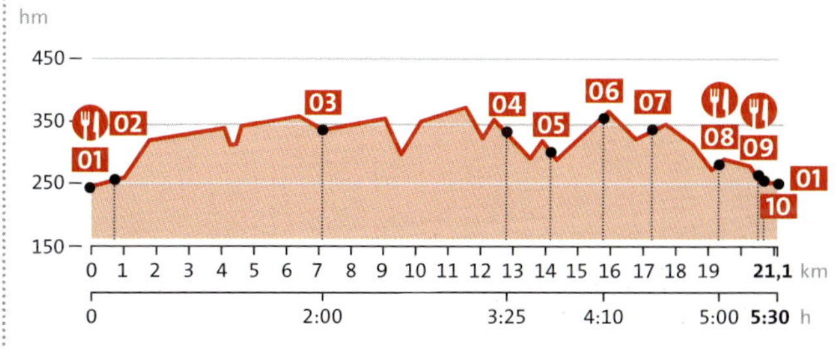

01 Stadthalle Otterberg, 251 m; 02 Kneippanlage, 260 m; 03 Mehlinger Heide, 324 m; 04 Lanzenbrunner Weiher, 313 m; 05 Husarenbrunnen, 289 m; 06 Drehenthalerhof (Ost), 353 m; 07 Drehenthalerhof (West), 327 m; 08 Naturschwimmbad, 281 m; 09 Altstadt Otterberg, 256 m; 10 Abteikirche Otterberg, 256 m

Abteikirche Otterberg

biegen rechts in die Straße „Am Sixmeisterwoog", links die Straße „Am Rotenberg" hoch und danach links ab in den Wald, dem Hinkelsteinweg folgend bis zur Wegespinne mit Sitzbank. Ab hier geht es bergauf und gleich nach links durch einen Mischwald. Auf dieser Passage kann man herrlich die Seele baumeln lassen. Auf einem breiten Weg rechts halten und gleich wieder rechts abbiegen und dem naturnahen Weg bergabwärts folgen.

Nach dem zweiten Weg links abbiegen und den Weg weiter folgen bis zu einer Sitzgruppe, der Ultes-Rast. Nach weiteren 500 m erreichen wir das Randgebiet der Mehlinger Heide. Wir biegen links ab, wandern über den sandigen Boden bis zum Wegweiser Mehlinger Heide. Ab hier können

Lanzenbrunner Weiher

Sie die Mehlinger Heide, eine der größten Heidegebiete Südwestdeutschlands besuchen.

Am **Wegweiser Mehlinger Heide** 03 biegen wir links ab, folgen weiter der Markierung „Schwarzer Hinkelstein auf weißem Grund" und gelangen über den Weinbrunnerhof nach Überquerung der L382, an den **Lanzenbrunner Weiher** 04 mit einem kleinen Rastplatz mit Sitzgruppe. Durch eine Wiesenaue, links abbiegen, unterqueren wir nun eine Hochspannungsleitung und kommen zum **Husarenbrunnen** 05. Auf unserem weiteren Weg erreichen wir nun den **Wegweiser Drehentalerhof (Ost)** 06. Wir wechseln die Markierung – „**Schwarzer Hinkelstein auf gelbem Grund**" – und gehen durch Drehentalerhof bis zur **Bushaltestelle Drehenthalerhof (West)** 07. Ab hier folgen wir wieder der Markierung „Schwarzer Hinkelstein auf weißem Grund" Richtung Otterberg. Wir streifen das Otterbachtal und gelangen zum **Naturschwimmbad** 08, das im Sommer mit seinem Naturbecken sehr beliebt ist. Am Wallonenhof vorbei geht es durch die Auelandschaft über den Parkplatz und an der **Gaststätte Kraus**, durch's Loch in die historische **Altstadt Otterbergs** 09. Nach der Alten Schmiede Theiß erreichen wir die imposante **Abteikirche von Otterberg** 10, die, nach dem Speyerer Dom, der zweitgrößte Sakralbau der Pfalz ist (ein Besuch lohnt sich!). Die letzte Etappe führt uns an alten Fachwerkhäusern aus dem 17. Jh. vorbei zum **Parkplatz an der Stadthalle** in **Otterberg** 01.

Mehlinger Heide

Horterhof
420
Kirchwald
Hörlerbach
Lochbrunnen
Sickinger-
hof
Weichren
412
312
Krebsbach
Messerschwanderhof
Essigborn-
brunnen
Andreasberg
388
Otterberger Stück
376
Birotshof
DRE
Fuchsbrunnen-
wald
ehem. Grafenthalerhof
Heiligenmoschler Berg
367
18
Scheidwald
Schwarzhübel
342
Neumühle
Heiligen-
moschelerberg
Großer Ohligk
378
08
Badweiher
Lauerhof
Grafenthaler B.
Ölmühle
315
Schloßberg
09
OTTERBERG
10
Großer Frohnberg
18
01
290
Münch
Oberer Geisberg
310
02
Althütterhof
Geisenmühle
Reichenbach
Otterbach
Appental
Botberg
306
18
Weinbrunne
351
Bahnhof
Erlenbach
Götzenwooger Hang
Motorradmuseum
Hasendell
284
Wiesenthal
Staats
Schloßberg
309
ERLENBACH
Raupenthal
Gersweiler
379
Osterberg
315
269
Falltal
Gersweilerhof
Im
Hagelgrund
Staatsforst
Ruhetal
MORLAUTERN
319
Eselsbach
Waldhof
Hagelgrundquelle
Schlachtenturm
Hagelgrund
Hint. Rotenberg

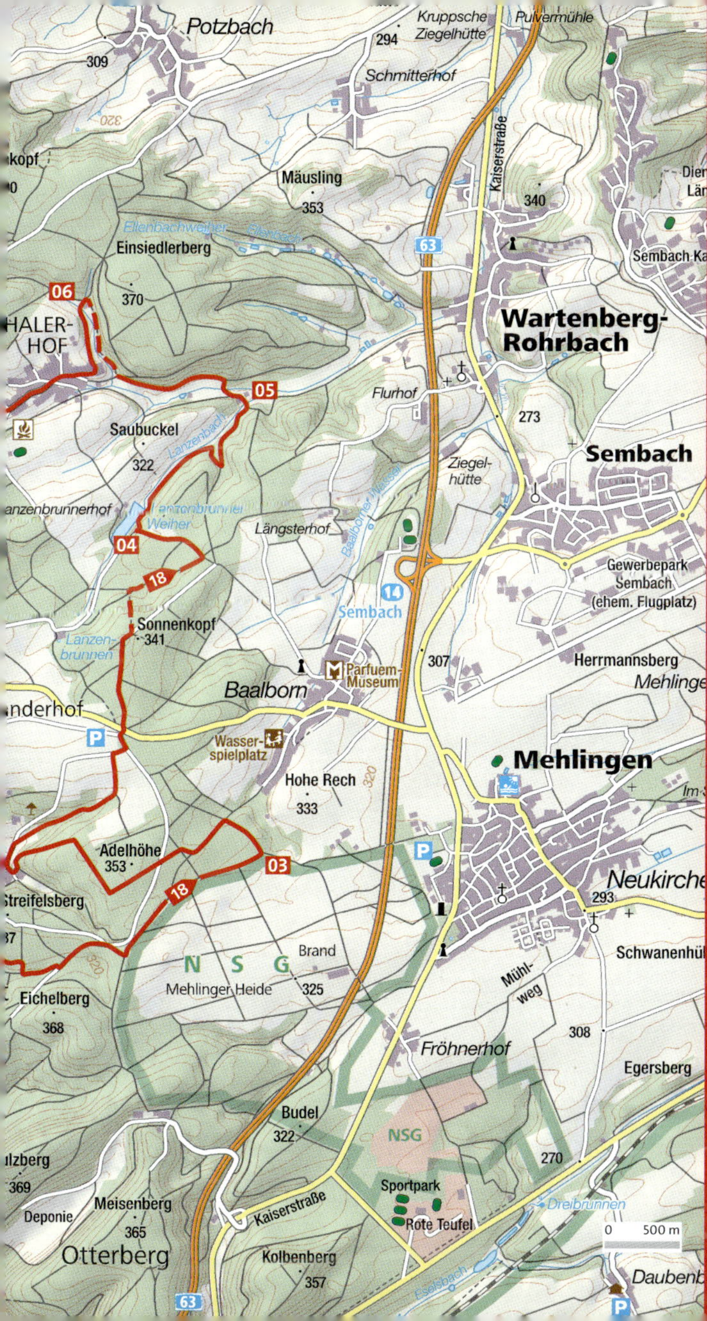
Potzbach
309
294
Kruppsche Ziegelhütte
Pulvermühle
Schmitterhof
Mäusling
353
Kaiserstraße
340
Ellenbachweiher
Ellenbach
Einsiedlerberg
370
06
HALER-HOF
Sembach-Ka
Wartenberg-Rohrbach
05
Flurhof
273
Saubuckel
322
Lanzenbach
Ziegel-hütte
Sembach
anzenbrunnerhof
Lanzenbrunner Weiher
Längsterhof
Baalborner Wasser
04
18
Gewerbepark Sembach (ehem. Flugplatz)
Sonnenkopf
341
Lanzen-brunnen
14
Sembach
307
Herrmannsberg
Parfuem-Museum
Baalborn
Mehlinge
nderhof
Wasser-spielplatz
Mehlingen
Hohe Rech
333
320
Adelhöhe
353
03
18
Neukirche
293
Streifelsberg
Schwanenhü
Brand
N S G
Mehlinger Heide
325
Mühl-weg
Eichelberg
368
308
Fröhnerhof
Egersberg
Budel
322
NSG
270
lzberg
369
Meisenberg
365
Deponie
Sportpark
Rote Teufel
Dreibrunnen
Kaiserstraße
Otterberg
Kolbenberg
357
Eselsbach
0 500 m
Daubenb
63

HINKELSTEINWEG – NORDROUTE • 341 m

Hinkelstein und Donnersbergblick

22,6 km · 6:00 h · 404 hm · 404 hm · 826

START | Parkplatz unterhalb der Igelborner Hütte des Pfälzerwald-Vereins Winnweiler, 67722 Winnweiler [GPS: UTM Zone 32U x: 415.773 m y: 5.491.020 m]
CHARAKTER | Rundwanderung mit steileren Passagen für die etwas Anspruchsvollen. Wanderschuhe empfehlenswert.

Der Hinkelsteinweg ist ein Prädikatsweg mit einer Länge von ca. 39 km. Die anspruchsvolle Nordroute des Hinkelsteinweges führt, vorbei an schönen Aussichten in das Nordpfälzer Bergland oder an historischen Grenzsteinen, hin zum Menhir Hinkelstein, der schon sehr lange als historischer Grenzstein beurkundet ist. Wir kommen an einen Steinbruch vorbei und wandern über Potzbach zurück zum Ausgangspunkt.

Die Wanderung beginnt am **Parkplatz unterhalb der Igelborner Hütte bei Winnweiler 01**. Wir wandern die geteerte Straße hoch und erreichen nach ca. 300 m die **Igelborner Hütte 02** des Pfälzerwald-Vereins Winnweiler mit einem Panoramablick

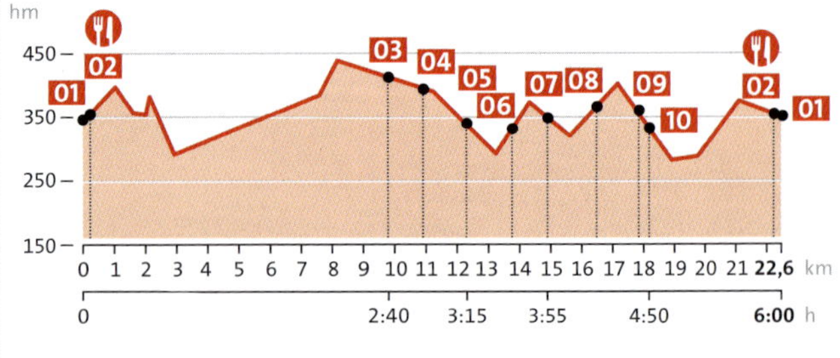

01 Parkplatz unterhalb der Igelborner Hütte, 324 m; 02 Igelborner Hütte, 341 m; 03 Menhir Hinkelstein, 406 m; 04 Pavillon, 381 m; 05 Birotshof, 322 m; 06 Frühlingsfestplatz Otterberg, 330 m; 07 Drehenthalerhof (West), 327 m; 08 Drehenthalerhof (Ost), 353 m; 09 Leopardensandstein, 387 m; 10 Potzbach, 321 m

Donnersbergblick

zum Donnersberg. Ab hier folgen wir der Markierung „Schwarzer Hinkelstein auf weißem Grund“ nach rechts, den Pfad an der Hütte vorbei. Der gut markierte Weg führt über die Igelborner Höhe und Klapperborn bergabwärts. Kurz vor Höringen sollte man den Blick in die offene Landschaft, das Nordpfälzer Bergland, schweifen lassen.

Durch Höringen, teilweise mit schönen Häuserfassaden, kommen wir zu weiteren schönen Panoramaaussichten, die uns auf unserem weiterem Weg zum Hinkelstein immer wieder begleiten werden. Viele historische Grenzsteine mit „KW“ = Königlicher Wald, „Ottbg mit Abtstab“ = Otterberger Klosterwald, das Rautenwappen von Pfalz-Zweibrücken, das Geschlecht der Falkensteiner, u. v. m. säumen unseren Weg.

Nach einer längeren Passage mit Aussichten erreichen wir nun den **Menhir Hinkelstein 03**.

Menhir ist eine ursprünglich bretonische Bezeichnung für einen aufgerichteten mehrere Meter großen Monolithen und bedeutet „langer Stein“ (maen = Stein, hir = lang). Im deutschen Sprachraum tragen Menhire seit dem Mittelalter auch die volkstümlich gebräuchliche Bezeichnung Hinkelstein.

Am Menir „Hinkelstein“ trafen bis zur Französischen Revolution die Herrschaften Falkenstein, Kurpfalz und Schallodenbach aufeinander. Noch heute ist der mächtige Hinkelstein ein Dreimärkerstein, an dem die Grenzen der Gemeinden Otterberg, Höringen und Heiligenmoschel zusammentreffen.

Der 891 in der Römerzeit erstmals urkundlich erwähnte Hinkelstein ist ca. 2,20 Meter hoch und 1,50 Meter breit und wird von zwei behauenen Grenzsteinen flankiert. Eine Sitzgruppe lädt zum Verweilen ein.

Wir streifen nach ca. 300 m rechts den sogenannten Lenhardtstein, der dem ehemaligem Forstamtsleiter Lenhardt vom Forstamt Otterberg gewidmet ist. Am **Pavillon 04** halten wir uns links und nach 200 m wieder links. Eine wunderschöne Waldpassage verleitet zum Träumen, bis wir am **Birotshof** **05**, einem ehemaligen Gasthaus und einem landschaftlich reizvollen Weiher vorbeikommen. Durch den Wald weiter überqueren wir nun die L387 und erreichen den **Frühlingsfestplatz** **06** der Stadt **Otterberg**. Nach einer alten Tradition wird hier alle zwei Jahre das Frühlingsfest gefeiert. Auf unserem weiterem Weg kommen wir zur Bushaltestelle in **Drehenthalerhof (West)** **07**. Hier nehmen wir die Abkürzung, die Markierung „Schwarzer Hinkelstein auf gelbem Grund" zeigt uns den Weg durch Drehenthalerhof nach Osten. Ab dem Wegweiser **Drehenthalerhof (Ost)** **08** geht es mit der Markierung „Schwarzer Hinkelstein auf weißem Grund" weiter.

Den Berg hoch, einen breiten Waldweg nach rechts weiter, sehen wir eine Informationstafel über einen **Leopardensandstein** **09**. Es handelt sich um einen hellgelben meist mürben, der durch eisen- und manganreiche, dunkelbraune Flecken an das Fell eines Leoparden erinnert.

Den Weg abwärts, oberhalb vom Ort **Potzbach** **10**, blicken wir nochmals auf den imposanten Donnersberg mit seinen Türmen. Durch Potzbach, mit seinen schönen Häuserfassaden, geht unser Weg über offenes Feld zu den Leithöfen. Wir überqueren die L390, gehen das kurze Stück auf der Wiese an der Straße entlang und wandern den Schlangenweg, wie dieser Weg im Volksmund heißt, hoch zum Abschluss zur **Igelborner Hütte des Pfälzerwald-Vereins Winnweiler** **02** (Tel. +49 (0) 160 / 98 49 05 74 – Öffnungszeiten beachten!) und weiter zum **Parkplatz** **01** oder alternativ zum Bahnhof Winnweiler.

Wochenendhäuser
402
Staatsforst
Kahlheckerhof
Hochstein
Kupferschmelz
Museum f.
367
Lindenberg
339
Kahlhecker Köpfchen
348
Winnweiler
Donnersberg
02 PWV-Igelborner Hütte
01
Wingertsweilerhof
Igelbarner Höhe
405
Grummberg
306
19
Neumühle
Otterbegr
294
Winnweiler
Grummbach
Höringen
300
Galgenberg
416
Vorbach
Leithöfe
Lohnsfeld
300
Potzbach
Platte
Kirchwald
Potzbach
Kruppsch
Ziegelhütt
294
309
Höringer Bach
312
10
Schmitterhof
Krebsbach
09
wanderhof
Eulenkopf
400
Mäusling
353
rberger Stück
Ellenbachweiher
Einsiedlerberg
63
08
370
05
DREHENTHALER-HOF
Fuchsbrunnen-wald
354
Flurhof
06
07
Saubuckel
322
Lanzenbach
Scheidwald
Lanzenbrunnerhof
Lanzenbrunner Weiher
Längsterhof
Großer Ohligkopf
378
0 500 m
Sembach
Sonnenkopf
341

VON-DER-LEYEN-WANDERWEG • 302 m

Ohmbachstausee und Glockenturm

12,1 km | 3:30 h | 180 hm | 180 hm | 826

START | Dorfgemeinschaftshaus, Hauptstraße 27, 66904 Börsborn [GPS: UTM Zone 32 x: 384.073 m y: 5.477.657 m]
CHARAKTER | Leichte Wanderung mit kleinen An- und Abstiegen; Wanderschuhe empfehlenswert.

Eine Wanderung in der Region Börsborn, am Ohmbachstausee entlang, einem wunderschönen Landschaftsweiher mit vielen Wassersportmöglichkeiten, zurück zum denkmalgeschützten Glockenturm in Börsborn.

▶ Der Von-der-Leyen-Weg startet beim **Dorfgemeinschaftshaus in Börsborn** 01.
Die Namensgeber der Wanderung war die Familie Von-der-Leyen, ein von der Mosel stammendes Geschlecht des Hochadels.
Wir wandern die Hauptstraße nach Südosten ortsauswärts und folgen, nach ca. 200 m, dem Feldweg in dieselbe Richtung. Den Weg ansteigend, blicken wir nun zurück auf **Börsborn** 02. Weiter geht es leicht abwärts zur Erhebung **Galgenbösch** 03, von wo man das Landstuhler Bruch und die **Westricher Moorniederung**sehen kann. Auf einer Informationstafel wird die Entstehung erklärt.
Der Wanderweg führt nun stets abwärts, durch die Gemarkung Atzenbach und Breitenrech ins **Glantal** 04. Wir biegen rechts ab, glanaufwärts, und kommen durch das 50 ha große **Naturschutzgebiet „Heimerbrühl“** 05. Hier finden wir einen Talauenbereich mit dem naturnahen und stark mäandrierenden Flusslauf des Glans. An der **Glanschleife** 06 vorbei verläuft unser Wanderweg nun am Rande von Gries und stößt süd-

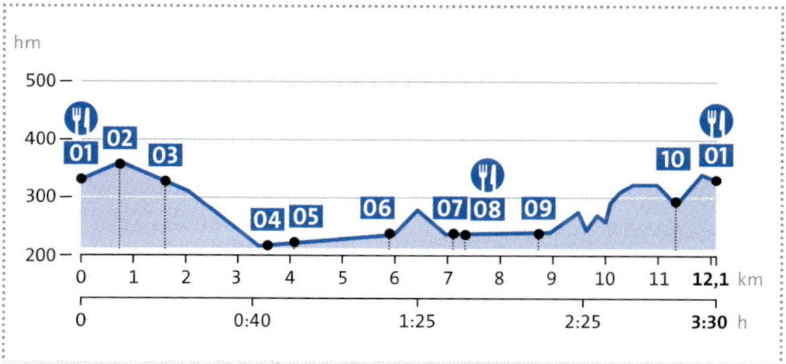

01 Dorfgemeinschaftshaus Börsborn, 302 m; **02** Blick auf Börsborn, 324 m; **03** Galgenbösch, 310 m; **04** Glantal, 223 m; **05** NSG Heimerbrühl, 233 m; **06** Glanschleife, 230 m; **07** Ohmbachstausee, 235 m; **08** Abzweig Seestube, 234 m; **09** renaturierter Ohmbach, 235 m; **10** Glockenturm Börsborn, 312 m

lich vom Ort auf den Ohmbachstausee. Der **Ohmbachstausee** **07** ist ein Stausee des Ohmbachs in der Verbandsgemeinde Schönenberg-Kübelberg. Er ist das größte Stillgewässer (weitgehend geschlossenes Ökosystem) der Westpfalz mit einer Länge von

Ohmbachstausee

ca. 1,5 km. Nach ca. 200 Meter am See entlang, Richtung Westen, kommt der **Abzweig** zur **Gaststätte Seestube** 08. Dem Weg folgen wir Richtung Westen am Seeufer entlang. Der Von-der-Leyen-Weg überquert nun die K 9 und geht weiter bachaufwärts am **renaturierten Ohmbach** 09 entlang. In der Gemarkung Heidchen, einem Waldstück, trennen wir uns vom Ohmbach. Wir wandern nach Norden und kommen zum Hof Haseldell. Der Weg führt über die Straße Haseldell nach Nordosten und weiter über die Straße Lebecksmühle zur Hauptstraße in Börsborn. Diese gehen wir weiter bis zur Ortsmitte von **Börsborn**.

Hier sollten Sie einen kleinen Abstecher die Steinbacher Straße hoch zum **Glockenturm** 10 machen.

Der unter Denkmalschutz stehende Glockenturm wurde 1758 erbaut und war ein Geschenk der Grafen Von-der-Leyen. Der zweigeschossige Putzbau besitzt auf der Südseite zwei kleine Öffnungen aus dem 18. Jh. und auf der Ostseite zwei neuere Öffnungen. Zum Gebäude gehört ein Zeltdach, welches im Norden, Osten und Süden Schallöffnungen besitzt. Die Glocke wurde im Jahre 1922 in Kaiserslautern gegossen. Im Turm gibt es eine Dauerausstellung, die auf zwei Ebenen besucht werden kann (Öffnungszeiten beachten!).

Wir gehen die Steinbacher Straße wieder zurück und wandern nach links zum **Dorfgemeinschaftshaus in Börsborn** 01.

Blick auf Börsborn

EISWOOG – DIE PERLE DES STUMPFWALDES • 255 m

11

Rundtour um einen wunderschön gelegenen Badesee

3,7 km | 1:30 h | 50 hm | 50 hm | 826

START | Parkplatz Eiswoog an der L395, 67305 Ramsen zwischen Enkenbach-Alsenborn und Ramsen
[GPS: UTM Zone 32 x: 426.281 m y: 5.485.220 m]
CHARAKTER | Bequeme Rundwanderung mit einer leichten Steigung. Wanderschuhe empfehlenswert.

Der Rundweg um den Eiswoog ist ein familienfreundlicher Weg mit träumerischen Verweilpunkten.

Der Rundwanderweg Nr. 11 startet auf dem **Parkplatz an der L395 am Eiswoog bei Ramsen 01** unterhalb der **Eiswoogbrücke 02**. Die Stahlträgerbrücke, 1932 erbaut, gehört zu mehreren Kunstbauten, die auf der Bahnstrecke Ramsen – Enkenbach-Alsenborn angelegt wurden. Die Tragkonstruktion ist 270 m lang, 35 m hoch und wird von vier Pfeilern gestützt. Die Bahnstrecke zählte in der bayrischen Zeit, zu der die Pfalz von 1816–1940 gehörte, zu der schönsten „Nebenstrecke Bayerns". Vordenker zum Bau dieser Bahnstrecke war der Großindustrielle Carl von Gienanth 1865. Am Fuße der Brücke befindet sich auch der „Bahnhof Stumpfwaldbahn", der in der Tour 22 beschrieben wird.
Wir wandern die geteerte Straße (nach Süden) hoch und erreichen

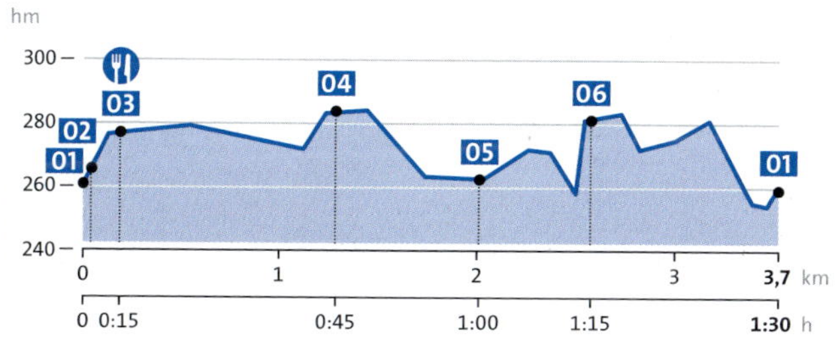

01 Parkplatz Eiswoog, 260 m; 02 Eiswoogbrücke, 265 m; 03 Seehaus Forelle Haeckenhaus, 277 m; 04 Hütte mit Weiher, 278 m; 05 Hotelblick, 270 m; 06 Panoramablick Eiswoog/Eiswoogbrücke, 288 m

Eiswoog

nach kurzer Zeit das **Seehaus Forelle Haeckenhaus** 03 (siehe Tour 22) mit dem Eiswoog.
Der See ist ein aufgestauter Weiher aus der Klosterzeit des ehemaligen Klosters Ramosa, das in Ramsen stand. Der Badesee wird von sieben Quellen gespeist, unter anderem auch von der Eis und ist über das ganze Jahr ein Besuchermagnet für Familien zum Relaxen, Baden und Bootfahren.
Wir flanieren am See entlang, an der Aussichtsplattform vorbei und

Eiswoogbrücke

biegen am letzten Ausläufer des Eiswoogs nach rechts (Westen) ab. Für Naturinteressierte sind interessante Schautafeln aufgestellt worden.

Wir folgen weiter der Markierung 11, gelangen zu einer kleinen **Hütte mit Weiher** 04, biegen erst rechts und wieder rechts ab und wandern am See entlang, mit einem **wunderschönen Blick zum Hotel** 05 bis zur L395. Wir überqueren die Straße, erklimmen die kleine Anhöhe auf einem Pfad und werden bald mit einem herrlichem **Panoramablick über den Eiswoog und zur Eiswoogbrücke** 06 belohnt. Das letzte Stück des Rundwanderweges führt uns unter der Eisenbahnbrücke durch zum ehemaligen Forsthaus Stumpfwald (heute im Besitz des Seehauses Forelle Haeckenhaus) und zum Ausgangspunkt unserer Wanderung, dem **großen Parkplatz** unter der **Eiswoogbrücke** 01.

Seehaus Forelle Haeckenhaus

STUMPFWALDBAHN UND STUMPFWALDGERICHT „NEUN STÜHLE“ • 255 m

14

Rundwanderung zu einer alten Waldgerichtsstätte

11 km | 3:30 h | 160 hm | 160 hm | 826

START | Parkplatz Eiswoog, 67305 Ramsen an der L395 zwischen Enkenbach-Alsenborn und Ramsen
[GPS: UTM Zone 32 x: 426.281 m y: 5.485.220 m]
CHARAKTER | Rundwanderweg mit einigen Steigungen im Stumpfwald. Wanderschuhe empfehlenswert.

Der Eiswoog ist ein beliebtes Ausflugsziel in der Region für Jung und Alt. Bahnliebhaber bekommen beim Anblick der liebevoll restaurierten Feldbahnen große Augen. Staunen werden Kulturliebhaber am Stumpfwaldgericht.

▶ Der Rundwanderweg 14 startet auf dem großen **Parkplatz Eiswoog** 01 unter der großen Stahlträgerbrücke an der L395 bei Ramsen. Hier befindet sich der kleine **Bahnhof der Stumpfwaldbahn** 02.
Der Verein Stumpfwaldbahn Ramsen e. V. unterhält seit 1997 eine Strecke von 2 km und seit 2007 ein weiteres Stück von ca. 1 km Länge. Die Bahn ist eine Museumsfeld-

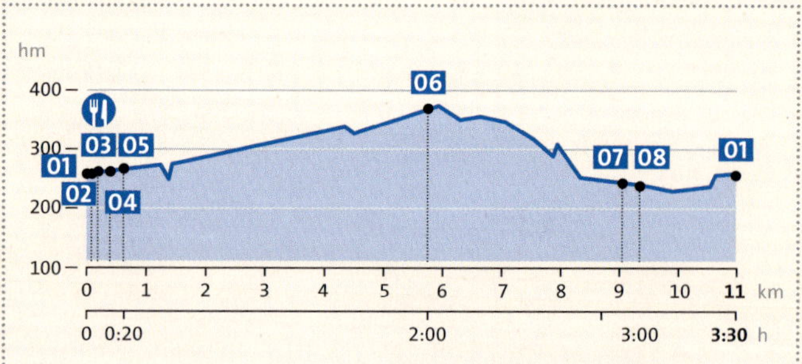

01 Parkplatz Eiswoog, 260 m; 02 Bahnhof Stumpfwaldbahn, 260 m; 03 Seehaus Forelle Haeckenhaus, 277 m; 04 Kneippanlage im See, 278 m; 05 Aussichtsplattform, 279 m; 06 Stumpfwaldgericht „Neun Stühle“, 386 m; 07 Kneippanlage, 235 m; 08 Stumpfwaldbahnhof Bockbachtal, 252 m

Stumpfwaldbahn

bahn mit 600 mm Spurweite und verkehrt regelmäßig vom Frühjahr bis Herbst sonntags zwischen Eiswoog und Ramsen. Eine Fahrt lohnt sich auf jeden Fall (www.stumpfwaldbahn.de – Fahrtzeiten beachten!)

Unser Weg führt die geteerte Straße hoch, bis wir das **Seehaus Forelle Haeckenhaus** 03 erreichen. Der **Eiswoog** (siehe Tour 21) mit dem Hotel bilden einen touristischen Schwerpunkt im Stumpfwald. Das Gelände mit dem Gebäude sind heute noch im Privatbesitz der Gienanth. Im Hotel, in dem regionale Produkte angeboten werden, findet man eine Besonderheit, die historische Puppenstube, die von Arbeitern der Gienanth-Werke (Eisenberg) in Handarbeit hergestellt wurde.

Unser Weg läuft entlang am Ufer des Eiswoogs, mit Blick auf den landschaftlich reizvoll liegenden Weiher. Wir sehen rechts eine **Kneippanlage im See** 04 und kommen etwas später an eine **Aussichtsplattform** 05, die im Zuge eines barrierefreien Weges

Kneippanlage Eiswoog

Stumpfwaldgericht „Neun Stühle“

um den Eiswoog anlegt wurde. Wir folgen weiter dem Rundwanderweg 14 bis zu der kleinen Unterstellhütte mit Weiher. Auf sandigem Weg wandern wir nun den Stumpfwald hoch.
Der Name Stumpfwald bezeichnet steile Hänge, die man mit „stampfenden Schritten“ durch den Wald geht.
Wir überqueren die L 395, wandern auf einem historischem Grenzweg mit vielen Grenzsteinen „AE“ = Alsenborn-Enkenbach, „NF“ = Niederflörsheim, hoch zum **Stumpfwaldgericht „Neun Stühle“** 06. Das Gericht war ein altdeutscher Versammlungs- und Gerichtsplatz, bestehend aus neun im Kreis angeordneten Steinstühlen, man spricht von einer germanischen Thingstätte. Im Jahre 1390 wird Ritter St. Georg als oberster Gerichtsherr genannt. Weitere Gerichtsherren waren die Grafen von Leinigen und die Herren von Stauff. Die Anlage, die vermutlich 1604 noch

bestand, ist heute rekonstruiert. Jeder Stein trägt den Namen einer der neun stumpfwaldberechtigten Gemeinden, die den Namen Neunmärker führen. Das Recht, das heute noch besteht, sagt aus, dass jeder der Stumpfwaldberechtigten, die einen Ofen zuhause haben, Holz aus diesem Gebiet bekommen. Die Beträge werden heute gesammelt und kommen heute wieder dem Wald zu Gute. Heutiger oberer „Gerichtsherr" ist der Bürgermeister von Ramsen.
Wir biegen am „Gericht" rechts ab, der Rundweg 14 geht nun durch eine längere Passage, mit herrlichen Waldabschnitten, abwärts bis zu den Landschaftsweihern im Hemsbacher Tal, zum Kleehof, einem ehemaligen Gasthof. Linker Hand liegt nun (über der L395) eine schön angelegte **Kneippanlage** 07, in der wir unsere Füße abkühlen können (Vorsicht bei der Straßenüberquerung!).
Wir folgen weiter der Markierung 14, parallel durch den Wald an der L395, überqueren diese und kommen zum **Stumpfwaldbahnhof Bockbachtal** 08 am Kleehofweiher. Hier besteht nun die Möglichkeit vom Frühjahr bis Herbst sonntags mit der Stumpfwaldbahn den letzten Teil der Tour bis zum Eiswoog zu fahren – eine wunderschöne Fahrt, die man genießen sollte. Ansonsten geht es zu Fuß noch ca. 2 km parallel der Bahnstrecke zum **Parkplatz Eiswoog** 01, unserem Ausgangspunkt.

DIE KELTEN IN STEINBACH • 274 m

Familienfreundliche Wanderung durch das Reich der Kelten am Fuße des Donnersbergs

6,4 km | 2:00 h | 120 hm ↗ | 120 hm ↘ | 826

START | Bürgerhaus in 67808 Steinbach am Donnersberg [GPS: UTM Zone 32 x: 424.548 m y: 5.494.441 m]
CHARAKTER | Rundwanderweg mit ein paar kleinen Steigungen. Wanderschuhe empfehlenswert.

Bei dieser familienfreundlichen Wanderung tauchen wir in die geheimnisvolle Welt der Kelten, die am Donnersberg gehaust haben, ein. Im Keltengarten wird den Erwachsenen und Kindern das Leben der Kelten näher gebracht, im Keltendorf die Techniken, die die Kelten früher angewandt haben. Herrliche Aussichten zum Donnersberg und Richtung Zellertal runden die Wanderung ab. (Keltendorf öffnet erst ab Ende März!)

▶ Start der Wanderung ist das **Bürgerhaus in Steinbach am Donnersberg** 01.
Wir wandern auf der Donnersberger Straße nach Norden und biegen dann in die Marienthaler Straße nach links ab (Richtung Keltengarten). Auf dieser geteerten Straße geht es hoch (rechter Hand Sportplatz) bis zum **Eingang Keltengarten** 02. Ein Spaziergang durch den 6,4 ha großen Keltengarten bringt den Besuchern auf

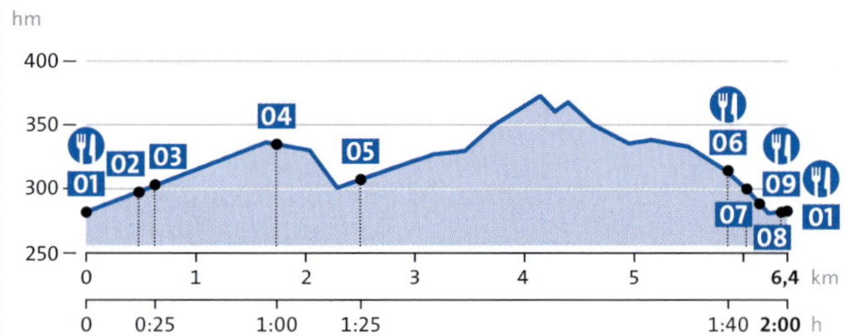

01 Bürgerhaus Steinbach, 270 m; 02 Eingang Keltengarten, 307 m; 03 Prädikatsweg Pfälzer Höhenweg, 315 m, 04 Hahnweilerhof, 325 m, 05 Aussichten, 323 m; 06 Pfälzerwald-Vereins-Hütte Steinbach, 295 m; 07 Keltendorf, 288 m; 08 Keltendorf-Jugendherberge Steinbach, 279 m; 09 Steinbach, 270 m

Keltendorf

Ruine Wildenstein
Albisheimer Wald
Jakobsweiler
Ruine Kesselburg
595
berg
NSG
525
Puppenstuben-
museum
Mausbach
Wildensteiner Tal
Reißender Fels
Herkulesberg
Haus Wilderstein
400
421
Keltengarten
Mausbacher Berg
484
303
Rotenbusch
Spendelbach
Steinbach
am Donnersberg
Saufelsen
Haus Voigtland
279
Untere Mühle
Obere Mühle
Hahnweilerhof
Waldhaus
Klausberg
PWV-
Steinbacher Hütte
Keltendorf
237
Eischbachtal
Kolben-
holz
Fischteiche
Walzhof
Kaiserstraße
360
Lindenhof
Theresienhof
Röderhof
280
255
276
Kreuzhof
0
500 m

Aussicht von der Pfälzerwald-Vereins-Hütte Steinbach

anschauliche Weise Leben, Arbeit, Kultur und Naturraum zur Zeit der Kelten näher – regt aber auch zum Schnuppern, Tasten, Horchen und Spielen an. Für Kinder gibt es den naturnahen Triskel-Spielplatz und viele Plätze zum Toben.

Weiter geht der Weg hoch bis zum **Prädikatsweg Pfälzer Höhenweg** 03, der nun links mit unserem Rundwanderweg ein Stück parallel verläuft. Durch eine Wiesenaue mit schöner Aussicht geht es bergauf, an einem kleinen Weiher vorbei, zum **Hahnweilerhof** 04 mit Pferdehof und einem wunderschönen alten **Fachwerkhaus**. Der Weg führt uns durch den Hof die Straße hinauf (bitte auf der Seite gehen – Verkehr!). Oben auf der Kuppe biegen wir links ab (Informationstafel) und wandern erst durch Wald und später über Feld wieder Richtung Steinbach. **Herrliche Aussichten** 05 säumen unseren Weg. Kurz vor Steinbach kommen wir dann an der **Pfälzerwald-Vereins-Hütte Steinbach** 06 vorbei, die mittwochs und sonntags geöffnet hat (www.steinbach.pwv.de – Öffnungszeiten beachten!). Nach ca. 200 m erreichen wir das **Keltendorf** 07. Die Besucher sollen bei diesem Projekt die Möglichkeit bekommen, „selbst Hand anzulegen", d. h. bei Führungen durch diese kleine Siedlung erhält man die Möglichkeit, neben Information zur Geschichte auch selbst keltische Handwerkstechniken, wie z. B. Spinnen oder Feuer anmachen, zu erlernen.

Interessant für Groß und Klein (www.keltendorf-steinbach.de – Öffnungszeiten beachten!). Auf der letzten kurzen Etappe zum Parkplatz gleich hinter dem Keltendorf kommen wir an der **Keltendorf-Jugendherberge Steinbach** 08 vorbei und erreichen über die Hahnweiler Straße durch **Steinbach** 09 unseren Ausgangspunkt, das **Bürgerhaus** 01.

BERGBAUGESCHICHTE UM IMSBACH • 277 m

K-2

Der Rundwanderweg Kupferberg II

9 km | 3:30 h | 195 hm | 195 hm | 826

START | Parkplatz beim Bürgerhaus in 67817 Imsbach [GPS: UTM Zone 32 x: 418.974 m y: 5.492.787 m]
CHARAKTER | Wanderung mit schönen Waldpassagen, aber auch kleinere Passagen mit alpinem Charakter. Wanderschuhe und Wanderstöcke empfehlenswert.

Wir wandern durch die Bergbaugeschichte von Imsbach mit seinen zahlreichen Relikten aus dieser Zeit. Die „Weiße Grube" hat im Sommer geöffnet (Öffnungszeiten beachten!)

▶ Ab dem **Parkplatz am Bürgerhaus in Imsbach** 01 wandern wir die Gienanthstraße (nach Westen) ca. 1,9 km entlang, vorbei an der Kneippanlage bis zum Parkplatz „Eisernes Tor", wo ein ehemaliger Grubeneingang zu sehen ist. Ein Abstecher zum **Schaubergwerk „Weiße Grube"** 02, in dem Kupfererz und Kobalt gewonnen wurde, sollte auf jeden Fall eingeplant werden (Dauer der Führung ca. 1 Stunde – Öffnungszeiten beachten!).
Nach der Besichtigung geht unser Weg zurück zum Parkplatz „Eisernes Tor" und wir wandern mit der Markierung „K-2" hoch zum „Reich Geschiebe", mit seinen Ein-

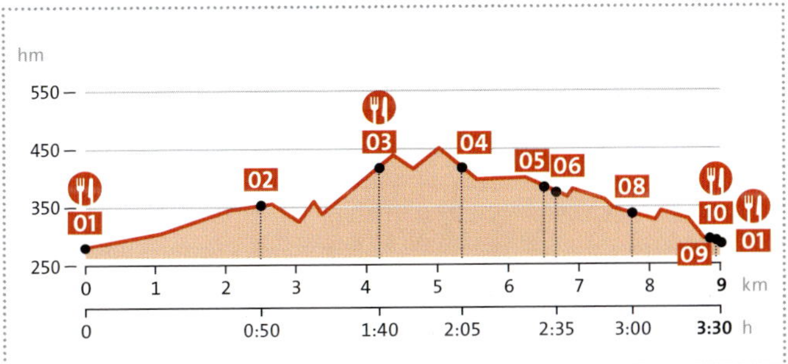

01 Bürgerhaus Imsbach, 278 m; 02 „Weiße Grube", 340 m; 03 Kupferberghütte, 410 m; 04 „Grüner Löwe", 390 m; 05 „Katharina II", 373 m; 06 „Katharina I", 378 m; 07 „Theodorschacht", 327 m; 08 „Rollbahn", 325 m; 09 Pfälzisches Bergbaumuseum, 274 m; 10 Bürgerhaus Imsbach, 274 m

Kupfergrube „Katharina I“

sturztrichtern. Am Wegpfosten „Kühunter“ lohnt sich ein Abstecher an die **Kupferberghütte des Pfälzerwald-Vereins Imsbach** 03, die an Sonn- und Feiertagen geöffnet ist (Öffnungszeiten beachten!). Hier wird man von einer faszinierenden Aussicht belohnt.

Zurück am Wegweiser „Kühunter“ folgen wir weiter dem „K-2“ auf einem wunderschönem Waldpfad mit teils alpinem Charakter zur Tagesweitung der **Kupfergrube „Grüner Löwe“** 04. Wir passieren einen Ahornbaum in Harfenform und kommen an einen herrlichen Panoramablick, biegen links ab, bachabwärts, zum Bienstandstollen, wo grüne und blaue Kupfererze gut zu erkennen sind. Vorbei an Rhyolith-Felsen sehen wir schon von weitem die Abraumhalden der **Kupfergruben „Kathrina II“** 05 und **„Katharina I“** 06. Lohnenswert ist ein kurzer Anstieg zur Tagesweitung der „Katharina II“.

Am B-Stollen und am Teufelsstollen halten wir uns links, streifen einen kleinen Weiher und kommen zum **„Theodorschacht“** 07, an der ehemaligen Grube „Ida“, die kupferhaltiges Manganerz förderte.

Wir biegen rechts ab und etwas versteckt liegt ein Relikt aus der Bergbauzeit, die **„Rollbahn“** 08. In den Jahren 1906–1907 wurde zum Transport der Erze aus dem Katharinental eine etwa 1.400 Meter lange Grubenbahn errichtet, die im Volksmund Rollbahn genannt wurde.

An einem Versuchsschacht vorbei werden wir nochmals mit einer herrlichen Aussicht auf Imsbach belohnt.

Ein altes Bergmannshaus und das **Pfälzische Bergbaumuseum** 09 (Öffnungszeiten beachten!) in **Imsbach** 10 sind die letzten Highlights dieser bergbaugeschichtlichen Wanderung.

Wir biegen links in die Gienanthstraße und sehen unseren Ausgangspunkt, das **Bürgerhaus in Imsbach** 01.

Besucherbergwerk „Weiße Grube“

DIE SCHLACHT AUF DEM HASENBÜHL • 247 m

Adolph-von-Nassau-Wanderweg

16,9 km | 5:00 h | 293 hm | 293 hm | 826

START | Parkplatz am Königskreuz, Königskreuzstraße, 67307 Göllheim
[GPS: UTM Zone 32 x: 430.931 m y: 5.493.778 m]
CHARAKTER | Moderate Auf- und Abstiege durch viele Waldpassagen; Wanderschuhe empfehlenswert.

Geschichtsträchtige Wanderung auf den Spuren des Adolph von Nassau und anderen interessanten Punkten aus der Geschichte der Region um Göllheim.

Diese geschichtsträchtige Wanderung beginnen wir am **Königskreuz** 01 in Göllheim.
Das Königskreuz ist ein gotisches Sandsteinkruzifix, das zum Gedenken an den Tod von König von Nassau errrichtet und im 19. Jahrhundert mit einer Kapelle überbaut wurde. Es gilt als ältestes Flurkreuz der Pfalz.
Wir folgen nun der Königskreuzstraße nach Süden, unterqueren die B 47 und begeben uns auf den Radweg. Nach ca 150 m wechseln wir die Straßenseite und streifen einen **alten jüdischen Friedhof** 02, angelegt 1893 – der Besuch lohnt sich.
Wir wandern den Wiesenweg hoch bis zum Wald, folgen dem

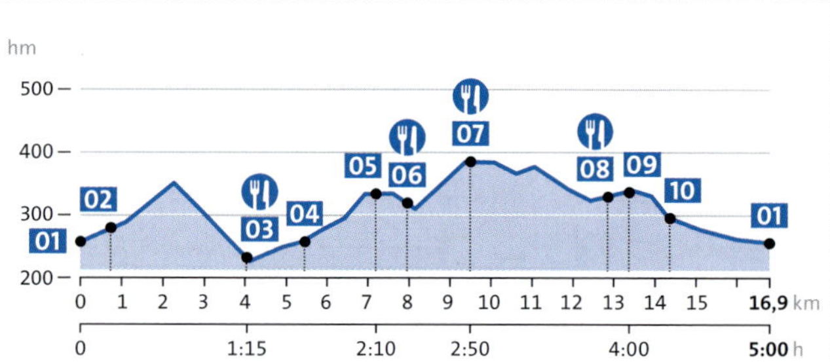

01 Königskreuz, 247 m; 02 jüdischer Friedhof, 266 m; 03 Gasthaus Fuchshof, 219 m; 04 Arleshof, 250 m; 05 Keßlerkreuz, 344 m; 06 Kloster Rosenthal, 297 m; 07 Göllheimer Häuschen, 373 m; 08 Kriegsberghütte, 332 m; 09 Ludwigshalle, 338 m; 10 Schlacht auf dem Hasenbühl, 278 m

Weg, an Grenzsteinen entlang, biegen nach links ab und wandern durch eine längere Waldpassage.
Erst links und immer weiter der Markierung folgend, erreichen wir, über einen geteerten Weg (rechts Gebäude und freies Gelände) abwärts die K78. Wir überqueren diese, halten uns links, zuerst geteert, danach weiter auf dem Wiesenweg, bis wir parallel auf der Hauptverkehrstraße nach rechts auf den Bürgersteig kommen. Hier besteht die Möglichkeit zu einem **Abstecher ins Gasthaus Fuchshof** **03** (ca. 800 m).
Nach ca. 50 Metern biegen wir rechts ab, auf dem Bürgersteig weiter, in die K76 und nach weiteren 100 Metern in einen Waldweg ein, der an der Zufahrtsstraße zum Arleshof endet.
Auf der Zufahrtsstraße erreichen wir nun den **Bauernhof Arleshof** **04**, einen Selbstvermarkterhof.
Wir durchwandern das Tal bis wir auf ein Waldstück stoßen und biegen hier links ab. Am Waldrand rechts und immer geradeaus den Berg hoch erreichen wir nach ca. 1 km eine Wegespinne.
Empfehlenswert ist ein kleiner Abstecher den Berg hoch nach Süden zum **Keßlerkreuz** **05**.
Der Sage nach sollen sich hier zwei Kesselschmiede (im Volksmund Kessler) totgeschlagen haben.
Durch den Wald, zwischendurch eine Freifläche mit Blick zur Steinäcker-Siedlung, erreichen wir, vorbei am alten Friedhof der Gemeinde Rosenthal, das ehemalige **Kloster Rosenthal** **06**, in dem 1298–1309 König Adolph von Nassau aufgebahrt wurde, der bei der Schlacht auf dem Hasenbühl ums Leben gekommen war. Danach wurde er in den Speyerer Dom überführt und liegt nun neben

Kloster Rosenthal

seinem Kontrahenten Albrecht I. von Österreich.
Durch die Klosteranlage, vorbei am Landcafe Labsal und einem typischen, wunderschön gelegenem Landschaftsweiher erreichen wir über den Bauernkopf das **Göllheimer Häuschen** **07**, einem alten nassauischem Jagdschloss.
Hier ranken sich etliche Geschichten um dieses Gasthaus, so soll der bekannte Schinderhannes seine Raubzüge bis hierher ausgedehnt haben und der Bubendieb Johann Martin Denzer, der Räuber aus dem Stumpfwald, soll hier schon gesehen worden sein.
So soll doch auch der Wirt zum Mörder geworden sein, in dem er einen Gast, der mit der Postkutsche ankam, ausraubte, umbrachte und in den Brunnen warf. Heute ist das Göllheimer Häuschen ein beliebtes Ausflugslokal mit herrvorragender Küche. Wir umrunden den Hof und wandern

Landschaftsweiher in Rosenthal

auf Pfaden durch den Wald Richtung Osten parallel zur L396. Wir überqueren diese, gehen über den Parkplatz und kommen zur **Kriegsberghütte** 08 des Pfälzerwald-Vereins Göllheim (Öffnungszeiten beachten!).

Wir biegen an der Hütte links in einen wunderschönen Pfad, auf dem die Füße Urlaub haben vom weichen Waldboden. Wir kommen zur **Ludwigshalle** 09, einer spätklassizistischen Sandsteinquaderhalle von 1890, erbaut von Architekt Max von Siebert aus München.

Den Pfad weiter biegen wir links ab, überqueren die L396 und gehen am Waldrand Richtung Norden zur Stelle, wo die legendäre **Schlacht auf dem Hasenbühl** 10 stattfand.

Die Schlacht bei Göllheim, seltener auch Schlacht auf dem Hasenbühl, fand am 2. Juli 1298 auf dem Hasenbühl bei Göllheim zwischen den Truppen des habsburgischen Herzogs Albrecht von Österreich und des römisch-deutschen Königs Adolf von Nassau statt. Ursache der kriegerischen Auseinandersetzung waren die

Absetzung Adolfs durch die Kurfürsten und die Proklamation Albrechts zum Gegenkönig gewesen. Adolf verlor bei der Schlacht sein Leben.
Von hier hat man einen fantastischen Blick zum höchsten Berg der Pfalz, zum Donnersberg. Über die offene Fläche wandern wir nun wieder Richtung Göllheim, unterqueren die Brücke der B47 und gelangen über den Woogweg zur Gutenbergstraße, in die wir rechts abbiegen. Gleich nach der Abbiegung steht rechts in der Anlage ein sogenannter „Ritterstein" mit der Inschrift „Hasenbuehl – Zweikoenigsschlacht – am 2. Juli 1298", der an die oben genannte Schlacht erinnert. Der Name Ritterstein erinnert an den ersten Hauptvorsitzenden des Pfälzerwald-Vereins Albrecht von Ritter, zu dessen Ehren an historischen und interessanten Punkten in der Pfalz Gedenksteine aufgestellt wurden. Nun biegen wir links ab in die Königskreuzstraße und erreichen unseren Ausgangspunkt, das Königskreuz in **Göllheim** **01**.
Sehenswert sind noch der Marktplatz in Göllheim und das Museum „Uhl'sche Haus" mit ständig wechselnden Ausstellungen.

DURCH DIE BERGBAUGESCHICHTE ZUM LUFTKURORT DANNENFELS • 239 m

Pfälzer Höhenweg – Etappe 1 (Winnweiler – Dannenfels)

15,9 km | 5:00 h | 604 hm | 414 hm | 826

START | Bahnhof in 67722 Winnweiler
[GPS: UTM Zone 32 x: 417.382 m y: 5.491.441 m]
CHARAKTER | Anspruchsvolle Wanderung mit teils steilen Auf- und Abstiegen; Wanderschuhe empfehlenswert.

Der Pfälzer Höhenweg hat sieben Etappen von Winnweiler nach Wolfstein. Die erste Etappe führt über die Bergbau-Ererlebniswelt Imsbach am südlichen Hang des Donnersbergs entlang zum Luftkurort Dannenfels.

▶ Die Wanderung beginnt am **Bahnhof in Winnweiler** 01. Wir gehen die Straße vor bis zur K 4, biegen erst links und nach der Brücke rechts ab in Richtung Imsbach. Nach ca. 30 Meter links und gleich wieder rechts geht es nun hoch zur **Kreuzkapelle** 02, die 1728 erbaut wurde und einen 360°-Blick in die Pfalz bietet.
Auf unserer weiteren Wanderung auf dem Pfälzer Höhenweg bietet sich bald noch eine Aussicht nach Hochstein – der Ort wurde von der

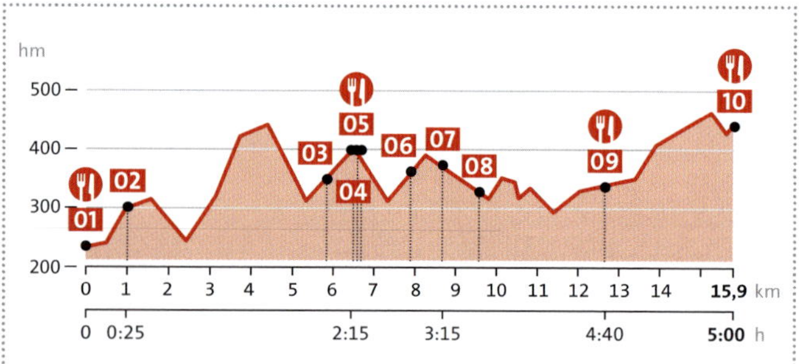

01 Winnweiler Bahnhof, 239 m; 02 Kreuzkapelle, 302 m; 03 „Rollbahn", 332 m; 04 „Kühunter", 393 m; 05 Kupferberghütte, 410 m; 06 „Weiße Grube", 346 m; 07 Waldhaus Klausberg, 372 m; 08 Weiher, 332 m; 09 Gasthaus Wildenstein, 346 m; 10 Landgasthaus Pfalzblick, 422 m

Eisenindustrie der Familie Gienath geprägt.
Wir überqueren den Imsbach und die L392 und steigen stetig an bis zum Katharinenberg. Über den „Donnersberger Bauernpfad" erreichen wir nun das Bergmannsdorf Imsbach mit der Bergbau-Erlebniswelt.
In der Bergschmiedestraße biegen wir links ab, wandern bergan bis zur **„Rollbahn"** 03 (siehe Tour 24) und dem Theodorschacht. Teils über Pfade und Wege geht es weiter hoch zum Wegweiser **„Kühunter"** 04.
Ab hier haben wir die Möglichkeit, die **Kupferberghütte des Pfälzerwald-Vereins Imsbach** 05 (Öffnungszeiten beachten).
Ab dem Wegweiser **„Kühunter"** 04 wandern wir abwärts zum Parkplatz „Eisernes Tor" (ehemalige Grube) und weiter zum **Besucherbergwerk „Weiße Grube"** 06 (siehe Tour 24).
Unser Weg führt uns weiter, am **Waldhaus Klausberg** 07 vorbei abwärts, wo wir rechter Hand eine Eremitenklause erkennen können. Vor den **Weihern** 08 in der Nähe des Hahnweilerhofes, biegen wir links ab, kommen zum Laubbach, dem wir bachabwärts folgen. Wir biegen nach links ab, wandern auf dem Serpentinenpfad nach oben und auf der Markierung weiter bis zur geteerten Straße. Den Keltengarten Steinbach können Sie, nach einem kurzen Abstecher nach rechts (ca. 200 m) erkunden, es lohnt sich (siehe Tour 23).
Der Weg führt nun bergan, wieder in den Wald, wo wir zum **Gasthaus Wildenstein** 09 (Öffnungszeiten beachten!) gelangen, das zur Einkehr einlädt.
Die letzten Kilometer führen über den Aussichtspunkt „Reißender Fels", zum Luftkurort Dannenfels.

Winnweiler

Zielpunkt ist der **Landgasthof Pfalzblick** 10 in Dannenfels.
Ab hier besteht die Möglichkeit, mit dem Bus nach Rockenhausen und mit der Bahn weiter nach Winnweiler zu fahren (www.vrn.de).
Dannenfels, seit 2004 anerkannter Luftkurort schmiegt sich in einer Höhenlage von ca. 400 m an den Osthang des Donnersbergs und ist eingerahmt von Edelkastanienbäumen und Obstanlagen. Durch das für die Höhenlage relativ milde Klima, verbunden mit der reizvollen Lage, ist der Ort schon seit Mitte des vorigen Jahrhunderts zu einem gern besuchten Ausflugs- und Fremdenverkehrsort geworden. Lohnenswert ist der Besuch im „Café Anno dazumal".
Sehenswert auch die „Dicke Keschde", eine ca. 400 Jahre alte Edelkastanie.

Landgasthof Pfalzblick

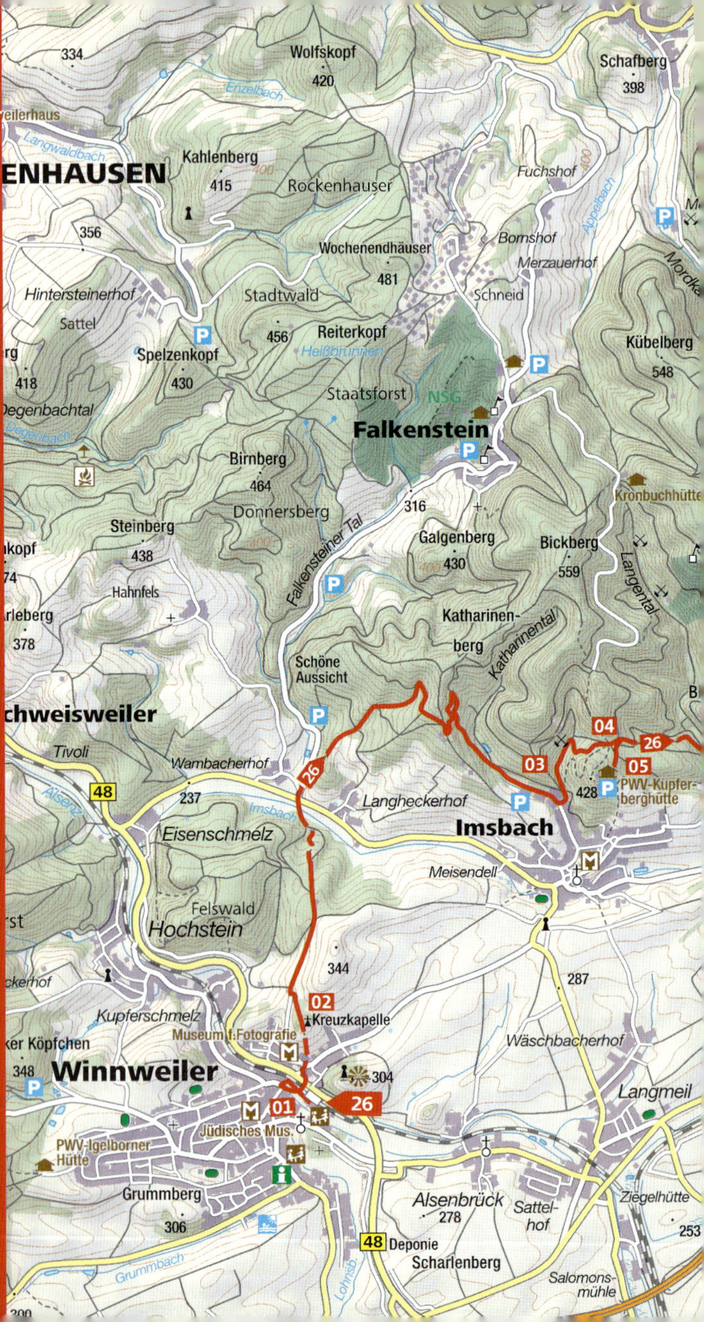
Wolfskopf
420
334
Schafberg
398
Enzelbach
Langwaldbach
Kahlenberg
415
Rockenhauser
Fuchshof
Appelbach
356
Wochenendhäuser
481
Bornshof
Merzauerhof
Hintersteinerhof
Stadtwald
Schneid
Sattel
456
Reiterkopf
Kübelberg
548
Spelzenkopf
430
Heißbrunnen
418
Staatsforst
NSG
Degenbachtal
Degenbach
Falkenstein
Birnberg
464
316
Kronbuchhütte
Donnersberg
Falkensteiner Tal
Galgenberg
430
Bickberg
559
Steinberg
438
Langental
Hahnfels
Katharinen-
berg
Katharinental
378
Schöne
Aussicht
chweisweiler
04
26
Tivoli
03
05
Wambacherhof
428
PWV-Kupfer-
berghütte
48
237
Langheckerhof
Imsbach
Alsenz
Imsbach
Eisenschmelz
Meisendell
Felswald
Hochstein
344
287
ckerhof
02
Kreuzkapelle
Kupferschmelz
Museum f. Fotografie
Wäschbacherhof
ker Köpfchen
348
Winnweiler
304
Langmeil
01
26
Jüdisches Mus.
PWV-Igelborner
Hütte
Grummberg
Alsenbrück
278
Sattel-
hof
Ziegelhütte
306
253
48
Deponie
Scharlenberg
Grummbach
Salomons-
mühle
300

Eichenköpfchen
318
Staatsforst
612
Ruine Tannenfels
Dannenfels
Keltenhütte
PWV-Hütte
654
Keltischer Ringwall
687
Hirtenfels
Ludwigsturm
Königsstuhl
26
10
Grindbüh
311
Rehbockfelsen
679
Signal
Stahl
356
Wildensteiner
Horst
Langenfels
Dampfnudelfelsen
NSG
Grauer Turm
Ruine Wildenstein
Jakobsweiler
Ruine K
595
Albisheimer Wald
Hühnerberg
531
Wildenstoiner Tal
NSG
525
Reißender Fels
Herkulesberg
Puppenstu
museum
Haus Wilderstein
Dorntreiberkopf
550
09
421
Keltengarten
Mausbacher B
Waschtal
484
303
Rotenbusch
Spendelbach
Stein
am Don
Saufelsen
Haus Voigtland
279
26
Bergbauerlebniswelt
Grube Maria
08
Hahnweilerhof
PWV-
Steinbacher Hütte
Keltendorf
Waldhaus
Klausberg
06
07
Eischbachtal
Bergbauerlebniswelt
Weiße Grube
Kolben-
Fischteiche
Kaiserstraße
Hopfnerbrünnchen
360
holz
Lindenhof
Theresienhof
Röderhof
280
255
276
Kreuzhof
Forsthaus
Börrstadt
63
Aalenbach
Börrstadt
Gartenbahn
Sonnenhof
Breunigweiler
280
343
Freyabrunnen
Staatsforst
401
Winnweiler
Schwarzwald
Bocksrück
Manielbrunnen
0
500 m
317
Langberg
Gottesbrunnen
Lützelborn
Hungerbrunnen

DAS DACH DER PFALZ – DER DONNERSBERG • 421 m

Pfälzer Höhenweg – Etappe 2 (Dannenfels – Bastenhaus)

15 km | 5:00 h | 453 hm | 416 hm | 826

START | Parkplatz Landgasthof Pfalzblick, Donnersbergstraße in 67814 Dannenfels
[GPS: UTM Zone 32 x: 423.775 m y: 5.497.372 m]
CHARAKTER | Wanderung mit teil steilen Auf- und Abstiegen; Wanderschuhe und Wanderstöcke empfehlenswert.

Eine aussichtsreiche Tour zu den Schönheiten und Aussichtspunkten des keltischen Donnersberges, dem höchsten Berg der Pfalz.

▶ Am **Parkplatz Landgasthofes Pfalzblick** 01 in Dannenfels startet unsere Wanderung. Wir überqueren die K 51 erst nach Nordwesten und gleich wieder nach Süden zum Trappistinnen-Kloster Gethsemani, in dem heute noch sechs Nonnen leben.
Unser Weg bringt uns weiter aufwärts zum **Moltkefelsen** 02 mit dem imposanten Adlerbogen und einer fantastischen Fernsicht in die Südpfalz. Der Adlerbogen wurde 1880 zu Ehren der Leistungen des Generalfeldmarschalls von Moltke (1800–1891) bei der Sicherung der Pfalzgrenzen im

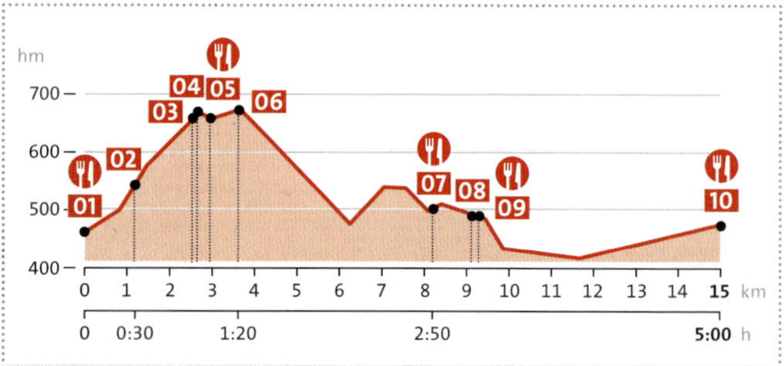

01 Parkplatz Landgasthof Pfalzblick, 423 m; 02 Moltkefelsen, 538 m; 03 Keltenwall, 671 m; 04 Ludwigsturm, 675 m; 05 Plateau, 656 m; 06 Königsstuhl, 687 m; 07 Kronbuchhütte, 486 m; 08 Burgruine, 426 m; 09 Falkensteiner Hof, 461 m; 10 Bastenhaus, 464 m

Königsstuhl

Deutsch-Französichen Krieg (1870/71) errichtet. Weiter geht es aufwärts, am herrlichen Aussichtspunkt, der Unterstellhütte am Hirtenfels vorbei, zum Hochplateau auf dem Donnersberg mit dem **Keltenwall** 03. In eindrucksvoller Weise wurde hier ein keltischer Ringwall rekonstruiert.

Der **Ludwigsturm** 04 (1864/65 erbaut) ist unser nächstes Ziel (geöffnet an Wochenenden und Feiertagen). Von oben hat man eine atemberaubende Sicht nach Rheinhessen, ins Nordpfälzer Bergland, Pfälzerwald, Hunsrück, Taunus, Odenwald und Schwarzwald. Auf dem **Plateau** 05 laden uns noch zwei **Lokale**, das **Donnersberger Waldhaus** und die **Keltenhütte des Pfälzerwald-Vereins, Ortsgruppe Kirchheimbolanden,** zum Rasten und Einkehren ein. Auf dem Weg nach Westen erklimmen wir nun den **Königsstuhl** 06, den höchsten Punkt auf dem Donnersberg mit 686,5 Metern. Schön, an diesem Punkt zu stehen, an dem man mit einer herrlichen Aussicht Richtung Hunsrück belohnt wird. Ein Stück am keltischen Ringwall entlang, biegt der Weg links abwärts über den Hühnerberg zur Krummkehr mit der kleinen Fressplatz-Schutzhütte. Über Grohrondell und der

Ludwigsturm

Rekonstruierter keltischer Ringwall

Kronbuchhütte 07 (www.kronenbuchhuette.de – Öffnungszeiten beachten!) erreichen wir einen der schönsten Orte am Donnersberg, Falkenstein. In Falkenstein gibt es die steilste innerörtliche Straße mit 25% Steigung. Noch heute thront die **Burgruine** 08, einst Stammsitz der Falkensteiner Grafen, über der Nordpfalz-Gemeinde. Neben einem herrlichen Weitblick bietet die Burgruine mit der angeschlossenen Freilichtbühne auch eine Einkehrmöglichkeit in der „Burgstubb" und in der Nähe den **Falkensteiner Hof** 09.

Wir wandern abwärts ins Mordkammertal, über den Mordkammerhof am Nordwesthang des Donnersbergs hoch zum **Hotel Bastenhaus** 10, dem Etappenziel. Es besteht die Möglichkeit, mit dem Bus ab Rockenhausen zum Hotel Bastenhaus zu kommen oder mit dem Ruftaxi (Tel. +49 (0) 63 52 / 75 04 04 – Anmeldung 60 Minuten vor Abfahrt) zum Donnersberg zu fahren.

VOM DONNERSBERG ZU DEN TURMUHREN • 464 m

Pfälzer Höhenweg – Etappe 3 (Bastenhaus – Rockenhausen)

15,7 km | 5:00 h | 278 hm | 537 hm | 826

START | Bastenhaus, 67814 Dannenfels
[GPS: UTM Zone 32 x: 421.895 m y: 5.499.282 m]
CHARAKTER | Moderate An- und Abstiege; Wanderschuhe empfehlenswert.

Vom Donnersbergmassiv aus führt diese Wanderung über das höchste Dorf der Pfalz nach Rockenhausen ins Turmuhrenmuseum.

▶ Wir starten die Wanderung am **Parkplatz des Verwöhnhotels Bastenhaus** 01 (www.bastenhaus.de). Vom 300 Jahre alten Bastenhaus geht es, von dem mit sattem

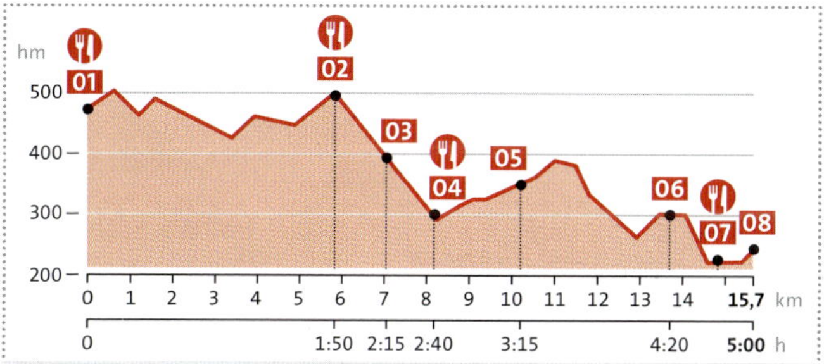

01 Verwöhnhotel Bastenhaus, 498 m; **02** Ruppertsecken, 467 m; **03** Blick nach Würzweiler, 376 m; **04** Würzweiler, 277 m; **05** Forsthaus Wittgemark, 330 m; **06** Aussicht auf Rockenhausen, 284 m; **07** Rockenhausen, 196 m; **08** L 386

Grün gesäumten Weg hoch zur K 34, die wir überqueren. Wir wandern weiter, immer bergauf und bergab, wie es am Donnersbergmassiv üblich ist, am Hoferkopf vorbei zur Platte, weiter über den Gerbacher Kopf und Haderwald aufwärts zum höchsten Dorf der Pfalz, **Ruppertsecken** 02. Das Dorf liegt auf einer Höhe von

Turmuhrenmuseum

498 m üNN und ist idealer Ausgangspunkt für Wanderungen in die waldreiche Umgebung. Der Schlossberg ist der höchste Punkt des Dorfes. Mauerreste von der Burg Ruppertsecken sind hier noch vorhanden. Von oben hat man eine herrliche Rund- und Fernsicht.

Wir folgen weiter der Markierung ortsauswärts und wandern über offene Flächen mit herrlichen Aussichten zur Gemarkung Großfeld mit **Blick nach Würzweiler** 03.

Wir biegen nun rechts ab und gehen bergab zum Ort **Würzweiler** 04.

Mit dem Dorf „Werewilre" wurde Werner von Bolanden von dem Pfalzgrafen belehnt. Im Tiroler Stil entstand das größte Projekt der Nachkriegszeit: das Bürgerhaus. Stolz sind die Einwohner auf ihren Glockenturm, der bis 1883 in der Ortsmitte stand. Dann wurde er komplett abgetragen und am jetzigen Standort wieder aufgebaut.

Der Weg geht nun abwärts zur Platte und biegt rechtwinklig links ab, bergauf zur L386. An dieser Stelle stand das alte **Forsthaus Wittgemark** 05.

Wir überqueren die L386 und gehen geradeaus hoch zum Kerzenwald. Wir biegen rechts ab und wandern bergab Richtung Rockenhausen, parallel mit dem Enzelbach talauswärts zur K36. Auf der K36 biegen wir rechts ab, 80 Meter auf der Straße nach Westen, weiter den Berg hoch und halten uns links am Hang entlang, der Markierung folgend, mit **Aussicht auf Rockenhausen** 06.

Wir stoßen nun auf die Alleestraße in **Rockenhausen** 07, biegen nach der Brücke rechts ab, folgen ca. 50 m dem Langenwaldbach und biegen links ab in die Waldbergstraße nach Westen. An der Kreuznacher Straße nach links und die nächste Straße Marktplatz nach rechts zum **Turmuhrenmuseum** (www.museum-fuer-zeit.de).

Die Zeit spielt hier eine große Rolle. Das malerische Städtchen blickt auf eine mehr als tausendjährige Vergangenheit zurück und beherbergt das überregional bedeutsame „Museum für Zeit – Pfälzisches Turmuhrenmuseum", das die Zeit für sich gepachtet hat.

Der Weg führt nun durch die Schlossstraße, Bahnhofstraße, Mühlweg, links in einen kleinen Fußweg abbiegend zur Bezirksamtsstraße und zur B48, wir unterqueren diese und gehen nach rechts zur **L386** 08, wo die Tour endet.

VOM ALSENZTAL INS MOSCHELTAL • 207 m

Pfälzer Höhenweg – Etappe 4 (Rockenhausen – Obermoschel)

19,1 km | 6:00 h | 450 hm | 511 hm | 826

START | L 386, 67806 Rockenhausen
[GPS: UTM Zone 32 x: 414.556 m y: 5.498.203 m]
CHARAKTER | Wanderung mit teils steilen An- und Abstiegen; Wanderschuhe empfohlen.

Eine Wanderung durch die Kultur der Region, eine römische Villa wird erwandert, herrliche Burganlagen liegen auf dem Weg, bis die Wanderung in der kleinsten Stadt der Pfalz, in Obermoschel endet.

▶ Ab der L386 in **Rockenhausen** 01, dem Startpunkt der Wanderung, wandern wir die Krankenhausstraße entlang und biegen rechts ab, den Wald am Sendemast vorbei hoch zum Reinhardsberg und weiter zur **Römersiedlung Falkensaß** 02.
Auf einer Anhöhe, oberhalb von Katzenbach liegen die freigelegten Grundmauern eines römischen Gutshofes, der einst zu einer Römersiedlung namens Falkensaß gehörte. Eine Rastanlage lädt zum Verweilen ein, mit schöner Aussicht auf den Donnersberg.
Wir wandern nach der Markierung den Reinhardsberg weiter

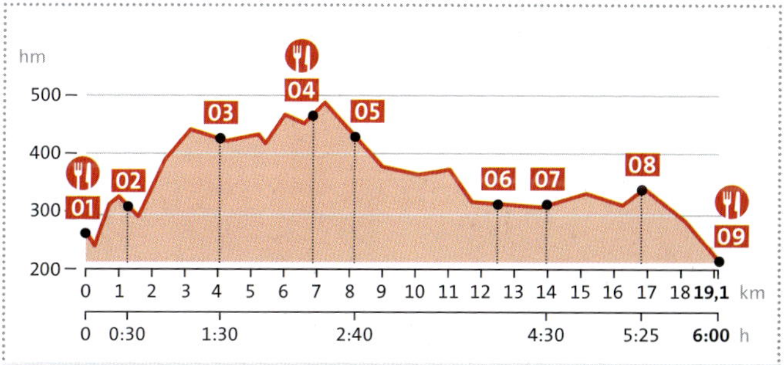

01 Rockenhausen, 196 m; 02 Römersiedlung Falkensaß, 271 m; 03 Ausblick nach Katzenbach, 421 m; 04 Stahlberg, 475 m; 05 Ortschaft Stahlberg, 407 m; 06 Aussicht zur Ruine Randeck, 286 m; 07 Hasenberg, 294 m; 08 Moschellandsburg, 316 m; 09 Obermoschel, 169 m

Moschellandsburg

hoch mit Blick nach links zum Inkeltalerhof. Der Weg geht nun am Hang des Lichtenbergs entlang, mit **Ausblick nach Katzenbach** 03, und bergauf zum **Stahlberg** 04 mit einer Höhe von 484 m.
Nun kommen wir in die **Ortschaft Stahlberg** 05.
1390 schürfte der Graf von Veldenz bereits am Stahlberg nach Silber. Bis zur Französischen Revolution gehörte Stahlberg zum Herzogtum Pfalz-Zweibrücken, war danach französisch und ab 1816–1945 bayrisch. 1942 wurde das letzte Bergwerk geschlossen.
Wir wandern bergabwärts durch den Wald zum Forsthaus Stahlberg. Am Sportplatz biegen wir rechts ab auf die L385 Richtung Nordosten. Nach ca. 150 m geht der Weg hoch in den Roßwald. Abwärts erreichen wir nun den Weidelbacherhof und weiter zum Knöpfchen; mit herrlicher **Aussicht zur Ruine Randeck** 06.
Sie ist die Ruine einer Hohenburg auf dem gegenüberliegenden Schlossberg. Die Burg wurde ver-

Innenstadt Rockenhausen

Obermoschel

mutlich im 12. Jh. erbaut, im Jahre 1202 urkundlich erwähnt.
Immer auf und ab, über offene Flächen, mit weiten Fernsichten, kommen wir zum **Hasenberg** 07 mit **Blick Richtung Sitters**. Durch den Ewigwald, Haberfeld, Allfeld und den Galgenberg stoßen wir nun auf den Schlossberg mit der **Moschellandsburg** 08.
Die Burg Landsberg, auch Moschellandsburg oder Landsburg genannt, ist die Ruine einer Höhenburg auf dem Moschellandsberg bei der Stadt Obermoschel. Die Burg wurde 1130 erstmals urkundlich erwähnt, als Graf Emicho von Schmidburg die Burg an Gerlach I. von Veldenz vererbte. Die umfangreichsten Instandhaltungs- und Renovierungsarbeiten seit der Zerstörung der Burg (1689) fanden 1977 und 1978 statt. Die Burg ist heute im Besitz der Stadt Obermoschel. Seit 2005 wird die Burg regelmäßig saniert.
Wir wandern nun den Berg abwärts und gelangen über die Spitalgasse in **Obermoschel** 09 zur Klaviergasse, dem Abschluss unserer Wanderung.
Obermoschel ist die kleinste Stadt in der Pfalz mit ca. 1150 Einwohnern. 1349 wurde der Ort von König Karl IV. zur Stadt erhoben und erhielt Marktrechte. Obermoschel besitzt auch eine lange Weinbautradition und gehört zum Weinbaugebiet Nahe. Heutzutage gibt es aber nur noch wenige Winzer.

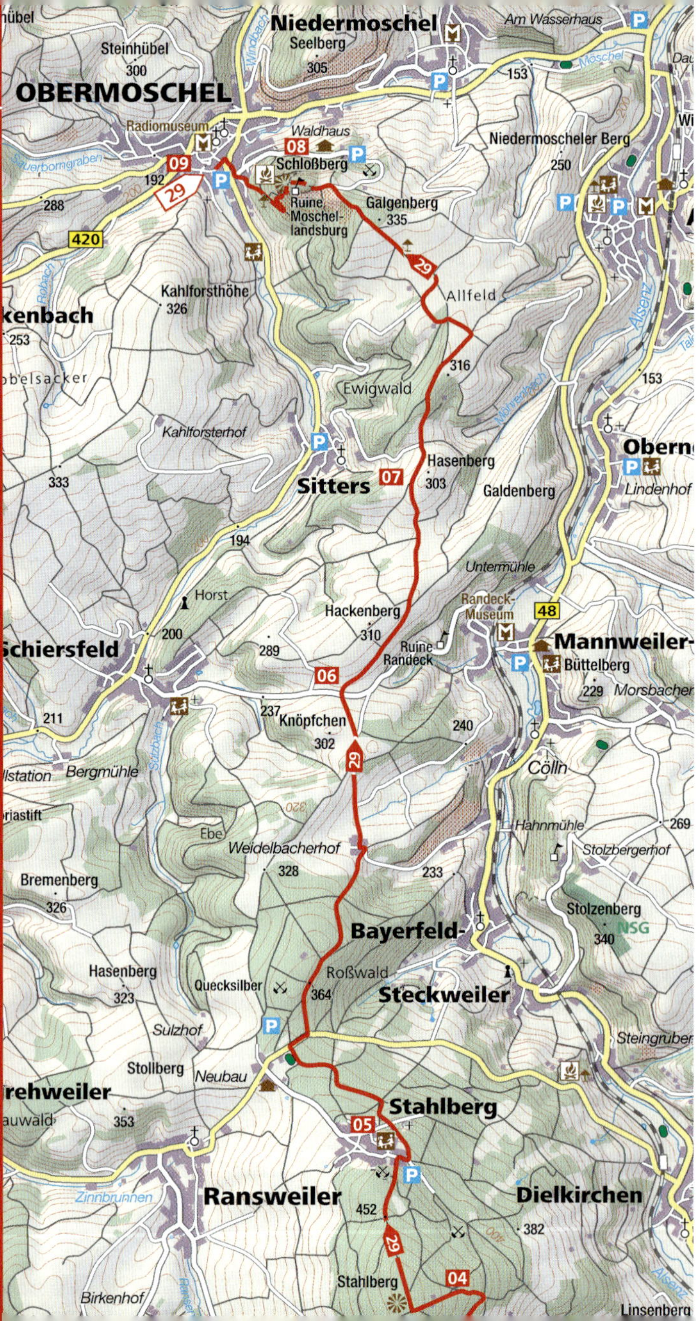

Niedermoschel
Seelberg
305
Am Wasserhaus
Steinhübel
300
OBERMOSCHEL
Radiomuseum
Waldhaus
08
Schloßberg
09
29
192
288
Ruine Moschel-landsburg
Galgenberg
335
Niedermoscheler Berg
250
153
Moschel
420
Kahlforsthöhe
326
Allfeld
kenbach
253
Ewigwald
316
153
Kahlforsterhof
Sitters
07
Hasenberg
303
Galdenberg
Lindenhof
333
194
Untermühle
Horst
Hackenberg
310
Randeck-Museum
48
Mannweiler-
Schiersfeld
200
289
Ruine Randeck
06
Büttelberg
229
Morsbacher
211
237
Knöpfchen
302
240
Cölln
Bergmühle
Hahnmühle
269
Weidelbacherhof
Stolzbergerhof
Bremenberg
328
233
326
Stolzenberg
NSG
340
Bayerfeld-
Hasenberg
323
Quecksilber
Roßwald
364
Steckweiler
Sulzhof
Steingruber
Stollberg
Neubau
rehweiler
353
Stahlberg
05
Ransweiler
452
Dielkirchen
382
Zinnbrunnen
04
Stahlberg
Birkenhof
Linsenberg

06
Knöpfchen
302
240
29
328
233
Bayerfeld-
Roßwald
364
Steckweiler
Stahlberg
05
452
Stahlberg
04
389
Bannholz
Wochenendhäuser
265
Dielkirchen
382
Linsenberg
Kolbenmühle
Katzenbach
Obermittweilerhof
Untermittweilerhof
Römische Siedlung
02
03
348
Reinhardsberg
Lichtenberg
480
INKELTALERHOF
01
Römerhof
335
Hippberg
340
Wachtbühel
347
DÖRNBACH
229
Morsbacherhof
Hohwald
Elzergraben
Cölln
Hahnmühle
269
Kentelgraben
Stolzbergerhof
Bremricherhof
Fockenberg
356
Stolzenberg
NSG
340
Hoferhof
Hoferkopf
356
Wochenendhäuser
Giebelsbacherhof
Steingruben
Lohwald
Hanauerhof
Dreispitz
265
Alsenz
48
Breitschwamm
NSG
Donnersberg
192
Simonshof
Katzenbach
Hoppbach
Steinkaul
An der Linde
Lindenhof
Pfälz. Turmuhrenmus.
334
Kahnweilerhaus
Museum Pachen
ROCKENHAUSEN
Langwaldbach
356
0
500 m
Sattel
Patersberg
208

30

VON DER KLEINSTEN PFÄLZISCHEN STADT ZUR FACHWERKSTADT • 169 m

Pfälzer Höhenweg – Etappe 5 (Obermoschel – Meisenheim)

12,5 km | 4:00 h | 337 hm | 360 hm | 831

START | Klaviergasse, 67823 Obermoschel
[GPS: UTM Zone 32 x: 411.560 m y: 5.508.943 m]
CHARAKTER | Wanderung mit moderaten An- und Abstiegen; Wanderschuhe empfehlenswert.

Diese Wanderung verläuft vom Donnersbergkreis zum Kreis Bad Kreuznach, durch Callbach und weiter in die malerische Altstadt Meisenheims.

▶ Wir starten die Wanderung in **Obermoschel** 01 in der Klaviergasse, wandern diese in Richtung Westen und biegen links in die Feldstraße. Der Weg geht nun stetig bergauf, belohnt werden wir aber durch die herrliche Aussicht ins Nordpfälzer Bergland. Der Pfälzer Höhenweg hält, was er verspricht, Höhen werden wir immer wieder erklimmen müssen. Über saftige Felder und Wiesen erreichen wir die **Kahlforsthöhe** 02, in drei Himmelsrichtungen eine fantastische Aussicht. Auf der Höhe, immer leicht ansteigend, wandern wir mit der Markierung des Pfälzer Höhenweges zur

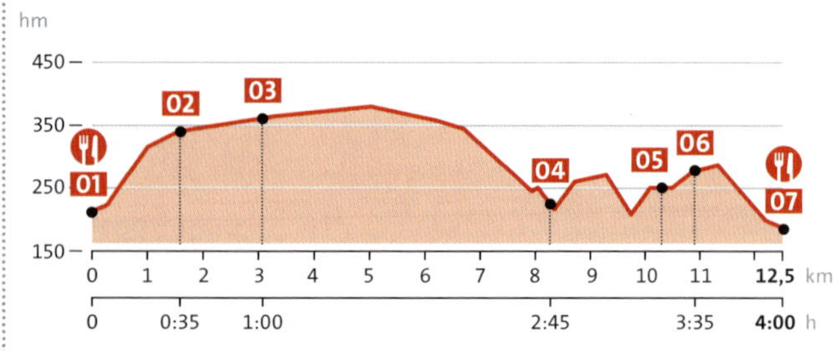

01 Obermoschel, 169 m; 02 Kahlforsthöhe, 327 m; 03 Schiersfelder Höhe, 338 m; 04 Callbach, 186 m; 05 Hof Wieseck, 223 m; 06 Aussicht Meisenheim, 260 m; 07 Meisenheim, 147 m

Meisenheim

Schiersfelder Höhe 03, ein Aussichtspunkt, der zum Verweilen einlädt. Von nun an geht es durch eine längere Waldpassage über die Gemarkungen Hollerwald und Ruthe wieder ins offene Gelände hinaus, am Hang entlang. Die Aussicht auf Schmittweiler lohnt sich. Über Feld- und Wiesenwege geht es nun abwärts zur Gemeinde **Callbach** 04. Das Straßendorf liegt am Eschelbachtal, einem Seitental des Glans. Callbach wurde erstmals im Jahre 1293 in einer Urkunde des Grafen Heinrich I. von Veldenz erwähnt. Das Dorf gehörte zum Meisenheimer Besitz der Grafschaft Veldenz. Durch Erbgang kam der Ort zusammen mit Meisenheim 1444 an Pfalz-Zweibrücken, ab 1816 zu Bayern. Heute gehört Callbach zum Landkreis Bad Kreuznach. Wir wandern die Straße Kirchberg in Callbach abwärts, durch die Schmittweilerstraße zur Hauptstraße. Wir überqueren die Straße und biegen nach ca. 80 m rechts in einen Fußweg, den wir steil hinaufgehen. Oben stoßen wir auf einen breiten Weg, dem wir nun links folgen. An der nächsten Kreuzung halten wir uns wieder links, folgen der Markierung abwärts zur B 420 (Haupt-

Callbach

Abtweiler
280
331
Hall
334
wald
219
267
Stuhlwald
Herrenberg
148
Hasenk
264
Hahn
Bahnposten
148
B
247
Silberner Becher
Raumberg
330
180
Draisinenbahn
Rehborn
229
Rothhall
Raumbach
Neuhaus
Jüdischer Friedhof
331
Glan
174
Bauwald
199
153
Raumbach
Römerstraße
247
147
187
Ölsberg
Restabfall-deponie
320
Hengstberg
307
P
Diefenberg
Heimbach
Steimel
158
Reiffelbach
P
356
30
07
05
30
MEISENHEIM
220
Callbach
150
Fers
Freckelsberg
212
Keddart
06
Lindenhof
04
Vier-morgen
197
160
275
Hubenhöll
232
Hayen
Keddarterhof
Draisinenstrecke
Rötherhof
302
Römerstraße
333
Dämmerhof
Glastal
286
150
Blochersberg
282
299
Reiffelbach
Schmit
154
Hotten-busch
Galgenberg
340
334
286
307
230
204
Odenbach
Roth
Alzelsrech
359
Breitwiesen
322
317
Eichelberg
344
Lehenberg
356
Häuserhof
Adenbach
220
ehem. Lorenzigrube
Maien
Ganglo

Ludwigstreue
Roter Kopf
338
Neudorferhof
231
Langhöll
Lettweiler
Sößenhübel
370
Steinhübel
300
Niederm
Seelberg
305
OBERMOSCHEL
Hahnbornquelle
Nachtweiderhof
Radiomuseum
Waldhaus
Schloßberg
Ruine Moschel-landsburg
372
Lettweiler Höhe
Sauerborngraben
01
192
288
380
420
304
Unkenbach
Kahlforsthöhe
326
02
253
354
Heidensteil
367
Knobelsacker
Kahlforsterhof
Arzenberg
282
03
333
Sitter
346
Rote Meer
194
Staatsforst Hollerwald
273
Horst
Staatsforst Bad Sobernheim
309
Schiersfeld
200
289
337
Kalker Höh
211
237
Knöpfchen
302
Zollstation
Bergmühle
214
Viktoriastift
Ebe
Weidelbacherhof
328
Finkenbach-Gersweiler
Bremenberg
326
Hungerberg
297
346
Grashof
Hasenberg
323
Quecksilber
364
Römerstraße
Eichenbusch
Sulzhof
Ziegelberg
323
Stollberg
Neubau
0
500 m
Eschen
Winhof
Waldgrehweiler
Bauwald
353
275
30

straße), die wir überqueren und wandern, stets aufwärts, über eine **Brücke zum Hof Wieseck** 05 (www.hofwieseck.de). Der Reiterhof, mit Aussicht auf Meisenheim, bietet eine Übernachtungsmöglichkeit. Am Hof biegen wir links ab und gehen immer weiter bergauf zu einer weiteren **Aussicht** 06 **über das kleine Städtchen Meisenheim**. Nun geht der Wanderweg nur noch abwärts, wir streifen das Krankenhaus, wandern die Straße „Auf'm Liebfrauenberg" und „Liebfrauenberg" abwärts über die Eiserne Brücke durchs Untertor in die malerische Innenstadt **Meisenheims** 07. Wir biegen links in die **Untergasse** und beenden hier unsere Tour.

Obermoschel

AUF DEN SPUREN DER VELDENZER GRAFEN • 148 m

Pfälzer Höhenweg – Etappe 6 (Meisenheim – Lauterecken)

16 km | 4:30 h | 380 hm | 365 hm | 831

START | Eiserner Steg, 55590 Meisenheim
[GPS: UTM Zone 32 x: 404.319 m y: 5.507.070 m]
CHARAKTER | Wanderung mit moderaten Auf- und Abstiegen; Wanderschuhe empfehlenswert.

Von der malerischen Altstadt Meisenheims führt diese Wanderung über einen Ringwall in die Veldenz-Stadt Lauterecken.

▶ In der malerischen Stadt **Meisenheim** 01, in der Untergasse, startet diese Wanderung. Wir bummeln Richtung Süden die Fußgängerzone entlang, am **Marktplatz** vorbei, der mit seinen Fachwerkhäusern ein herrliches Bild abgibt. Wir biegen links in die Straße „Am Herrenschlag“ und wandern über die Brücke des Glans den Weg steil aufwärts, immer der Markierung nach. Belohnt werden wir am **Aussichtspunkt Juchhe** 02 mit einem fantastischen Ausblick über die Altstadt von Meisenheim mit der Schlosskirche.
Nun geht es wieder abwärts nach Meisenheim, wir überqueren zwei Straßen (Bürgermeister-Schattner-Straße und Bürgermeister-Kircher-Straße), bis wir auf einen geteerten Weg stoßen, dem wir

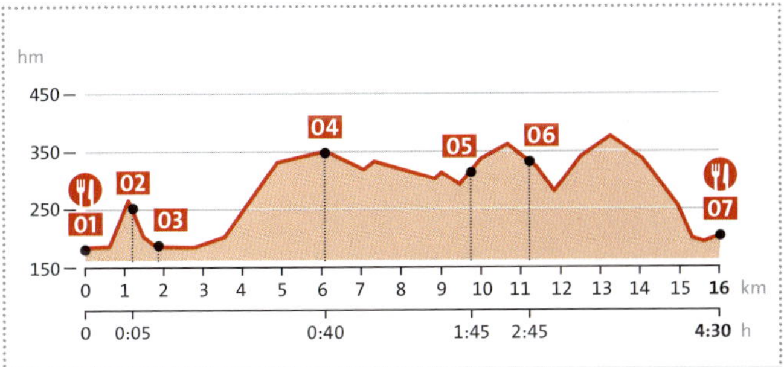

01 Meisenheim, 147 m; 02 Aussichtspunkt Juchhe, 201 m; 03 Glanbrücke, 149 m; 04 Ausblick in die Region, 304 m; 05 Blick nach Medard, 283 m; 06 Ringwall Marialskopf, 271 m; 07 Lauterecken, 160 m

Meisenheim

nach links folgen. Wir queren die Hauptverkehrsstraße und gehen über die **Glanbrücke** 03.

Durch die Wiesenaue und Kleingartenanlage biegen wir am Hof Viermorgen links, dann gleich wieder links ab und überqueren nach ca. 600 m die B420. Wir halten uns links, wandern den Pfad, später einen breiten Weg stets aufwärts zu einem **herrlichen Ausblick in die Region** 04. An der Schwannerhöhe biegen wir links ab, begeben uns auf den Weg abwärts bis wir den Ort **Medard** 05 unterhalb sehen.

Unser weiterer Weg führt nun über offene Flächen hinunter zum **Ringwall Marialskopf** 06, hier ist noch der Ringwall einer ehemaligen Fluchtburg zu sehen.

Weiter geht's nun durch Mischwälder, hier kann man die Seele baumeln lassen und die Ruhe und Stille genießen. Immer wieder kommen wir an Stellen, die eine

Nähe Marialskopf

Lauterecken

herrliche Aussicht garantieren. Auf idylischen Forstwegen steigen wir durch den dichten Wald nun bergab, bis wir über eine schmale Treppe das pittoreske Stadtzentrum von **Lauterecken** 07 erreichen, wo diese Tour endet. In einer der Gaststätten kann man den Wandertag ausklingen lassen.

Die Stadt ist nach dem Flüsschen Lauter benannt, die nahe der Ortsmitte in den Glan mündet. Erstmalige Erwähnung fand Lauterecken in einem Reichsspruch von 1224. Stadt und Berg Veldenz befanden sich zu dieser Zeit im Besitz der Grafen von Veldenz, ab 1444 zu Pfalz-Zweibrücken, 1816 zu Bayern.

1343 wurde das Schloss mit seinem Veldenzturm erstmals erwähnt. 1689 wurde die Stadt und das Schloss zerstört. Im Verlauf des 16. Jh. wurde es quasi neu errichtet und Ende des 21. Jh. als neuer Bau erweitert.

Riegelstein
Jeckenbach
Schlicht
Römerbrunnen
Am weißen Land
Ringberg
Hohlschied
Schweinschied
Alte Ölmühle
Altheckmühle
Römerdenkmal
Angst
Ziegelsberg
Kallenforst
Strierdt
Löllbach
Riedenberg
Schwannerhöhe
Kaiserbruch
Udenhof
Kappeln
Römerstraße
Ohlbachskopf
Medard
Mühlenberg
Windhof
Marialskopf
Taubhaus
Platte
Ingenhöll
ehem. Kalkofen
Sonnhof
Grumbach
Wasserturm
Wochenendhäuser
Bauwald
Hof Veldenz
Schäferberg
Draisinenstation
Flurwald
Krämelhof
Hütte am Weiher
LAUTERECKEN
Biedenberg
Glan
Römerstraße
Draisinenstrecke
05
06
07
31
270

Desloch
Hengstberg
307
Ölsberg
Diefenberg
298
Heimbach
Steimel
158
Reiffelbach
31
01
MEISENHEIM
150
220
Keddart
Freckelsberg
212
242
Allenberg
Bosebach
03
31
Vier-
morgen
02
275
Jeckenbach
161
232
Hayen
160
Keddarterhof
197
Breitenheim
Rötherhof
302
Römerstraße
Glastal
Dämmerhof
Draisinenstrecke
236
286
150
282
Blochersberg
299
Reiffel
Hub
161
Hottenbusch
Calgonborg
340
04
Römerstraße
Hub
306
286
307
230
420
Odenbach
204
Roth
Hollerbach
Breitwiesen
322
317
Eichelberg
344
Häuserhof
chorrenwald
Adenbach
220
ehem. Lorenzigrube
ehem. St. Jakobgrube
Krämmel
351
Maien
Brucherhof
Rothenbaumerhof
Untermühle
Kohlberg
341
Sperbling
381
Kirnbuscherhof
368
Ginsweiler
182
Hallerwald
Becherbach
Naumburgerhof
311
Becherbach
Ölmühle
Teufelsaltar
340
184
Bärnsau
Sohlberg
433
475
Hahnen-
Erlenberg
0
500 m

DURCH DAS LAUTERTAL • 160 m

Pfälzer Höhenweg – Etappe 7 (Lauterecken – Wolfstein)

22,7 km | 6:30 h | 741 hm | 713 hm | 826

START | Hauptstraße, 67742 Lauterecken
[GPS: UTM Zone 32 x: 398.170 m y: 5.500.868 m]
CHARAKTER | Wanderung mit teils schwierigen An- und Abstiegen; Wanderschuhe und Wanderstöcke empfehlenswert.

Eine Wanderung von der Veldenz-Stadt ins Königsland nach Wolfstein, mit den herrlich gelegenen Burganlagen und der malerischen Altstadt.

▶ In der Nähe des Bahnhofs in **Lauterecken** 01 (siehe Tour 31) beginnt die Etappe auf den Pfälzer Höhenweg. Wir gehen die Hauptstraße nach Südosten, überqueren die Glanbrücke und biegen links in die Rheingrafenstraße ein. Wir folgen nun stromaufwärts der Lauter. Ein herrliches Fleckchen bewandern wir nun, die Altstadt wurde saniert und eine schöne Anlage zwischen Veldenzer Schloss und Lauter geschaffen. Über die steinerne Brücke folgen wir der Markierung, der Rheingrafenstraße entlang, bis der Weg in einen Fahrradweg übergeht. Immer parallel zur Lauter erreichen wir nun Lohnweiler. „Lohn“ bedeutet im Althochdeutschen „Wald“.

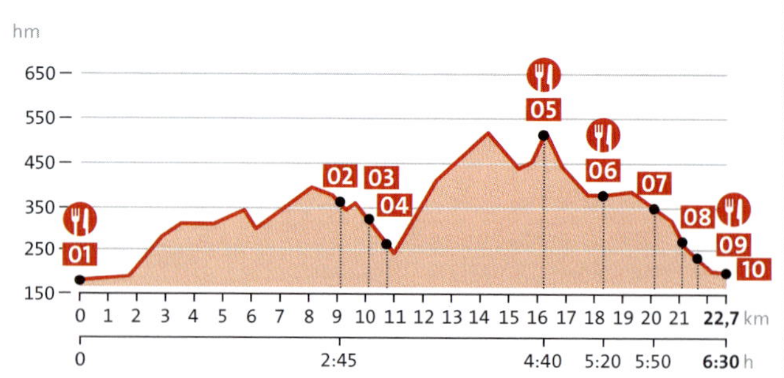

01 Lauterecken, 160 m; 02 Dümler Sattel, 352 m; 03 Ruine Altwolfstein, 274 m; 04 Ruine Neuwolfstein, 243 m; 05 Selbergturm, 540 m; 06 Pfälzerwald-Vereins-Hütte Rutweiler, 374 m; 07 Königsland-Jugendherberge, 318 m; 08 Kalkbergwerk, 200 m; 09 Wolfstein, 189 m; 10 Bahnhof Wolfstein, 187 m

Blick von der Burg Neuwolfstein

Nun kommt wieder der Name heraus – Pfälzer Höhenweg. Wir erklimmen den Leienberg, natürlich immer wieder mit herrlichen Weitblicken, am Waldrand entlang, über den Vogelsberg bis zur Anhöhe oberhalb von Aschbach. Hier kreuzt der Veldenz-Wanderweg den Pfälzer Höhenweg.

Wir kreuzen die L368, gehen den Feldweg hoch, folgen der Markierung an einem Landschaftsweiher mit Brunnen vorbei zum **Dümmler Sattel** 02, **einer Unterstellhütte** mit Rastplatz. Ein romantischer Pfad, an dem man alte Felsenhöhlen sehen kann, führt uns abwärts zur **Ruine Altwolfstein** 03.

Die Burg, auch Altes Schloss bezeichnet, mit einem herrlichen Blick ins Lautertal, ist die Ruine einer Hangburg am Osthang des Königsbergs an der engsten Stelle des Lautertals. Wahrscheinlich unter Kaiser Friedrich I. Barbarossa um 1160/70 erbaut, sollte sie das Reichsgut von Kaiserslautern verwalten und sichern. 1275 wurde sie das erste Mal erwähnt, 1504 zerstört und seit 1963 gehört sie zur Schlossverwaltung Rheinland-Pfalz.

Der Weg geht nun weiter abwärts zur **Ruine Neuwolfstein** 04.

Sie ist die Ruine einer Höhenburg auf 238 m Höhe über der Stadt Wolfstein. Vermutlich wurde sie als Teil der Stadtbefestigung von Rudolf von Habsburg zwischen 1275 und 1324 erbaut. Die erste Erwähnung war 1324.

Von hier können wir noch den Blick über die Weinberge ins Lautertal schweifen lassen. Wir halten uns nun nach der Markierung scharf rechts und wandern über kleine Pfade und auf Waldwegen eine längere Waldpassage hoch zum **Selbergturm** 05, mit einer fantastischen Rundumsicht in die Pfalz und die angrenzenden Landschaften. An Sonn- und Feiertagen ist die Selberghütte geöffnet (Öffnungszeiten beachten!)

Marialskopf
328
Platte
322
Taubhaus
Ingenhöll
Sonnhof
Grumbach
253
Wasserturm
Wochenendhäuser
Bauwald
Hof Veldenz
Schäferberg
304
Draisinen-
station
Flurwald
270
Schweinsg.
165
Krämelhof
Hütte am Weiher
32
01
ehem.
Kalkofen
295
Biedenberg
LAUTERECKEN
171
275
Römerstraße
206
Glan
314
Hochgericht
318
Wiesweiler
Lohnweiler
Schauerberg
328
Lohnweiler Hütte
420
Heinzenhausen
164
175
Herrnberg
315
Leienberg
311
Ziegelhütte
Sauerberg
ach-Hundheim
Feistenberg
292
321
Jungenwald
Staatsforst
328
Hansmaulerk
325
Rödlingsberg
316
Lautereck
Vogelsberg
308
198
Reckweiler
Eichelber
368
eiler
-Tiefenbach
Aschbach
370
Oberwald
270
310
Oberweiler-
292
Pfingstweide
Dümmler Sattel
02
Regelteich

Hansmaulerkopf
325
Rödlingsberg
316
Lautereck
Vogelsberg
308
370
198
Reckweiler
Eichelberg
368
Einöll
Römerstraße
-Tiefenbach
370
Aschbach
Oberwald
270
Oberweiler-
214
292
Pfingstweide
Dümmler Sattel
Regelteich
02
03
Steinchen
435
Ruine Altwolfstein
339
Staatsforst
04
Ruine Neuwolfstein
10
WOLFSTEIN
Pfriemenhäuschen
32
Leienberg
524
Hahnenkopf
535
09
Lauter
Kalkbergwerk a. Königsberg
Immetshausen
Lauterecken
08
Pfälzer Mutstollen
Jugendherberge
Selbachmühle
193
Todtenkopf
07
446
Zweikirchen
Königsberg
Roßbach
Mühlberg
297
377
442
422
06
Rutsweiler an der Lauter
Rutsweiler Hütte
Stalhausen
Selberghütte
Eisenknopf
05
Heidenburg
391
366
Selberg
Endersborn
Loffelmannsgraben
Schmeißbachermühle
297
Wallackerhof
Breitenbach
Schmeißbach
Watzenberg
218
Rothselberg
419
Sonnenhof
Horetsberg
426
0 500 m

Aussicht vom Selbergturm

Einem kleinen Pfad folgend, umrunden wir den Selberg und gelangen an die **Pfälzerwald-Vereins-Hütte der Ortsgruppe Rutsweiler 06 an der Lauter** (Öffnungszeiten beachten!). Von hier aus wandern wir nun den Hang entlang, an der **Königsland-Jugendherberge 07** vorbei, die Straße abwärts, zum Besucherbergwerk **Kalkbergwerk 08** am Königsberg, das einen Besuch wert ist.

Selbergturm

Durch die Hauptstraße erreichen wir nun die Altstadt von **Wolfstein 09** (siehe Tour 14).

Die herrliche Altstadt mit ihren verwunschenen Gassen und den herrlich gestalteten Einkehrlokalen laden zum Bummeln und Genießen ein. Etliche Museen, wie Handwerkmuseum, Druckereimuseum, Heimatmuseum und die Musikantenwerkstatt können besichtigt werden (Tel. +49 (0) 63 82 / 79 11 16, bitte anmelden!).

Der Weg endet am **Bahnhof in Wolfstein 10**, den wir über die Straße „Am Ring", Überquerung der B 270 und die Bahnhofstraße erreichen.

DURCH DIE HOTTENBACHAUE ZUM FREILICHTMUSEUM • 174 m

Der Hottenbachweg

12,7 km | 3:30 h | 237 hm | 237 hm | 831

START | Parkplatz am Rheinland-Pfälzischen Freilichtmuseum, Nachtigallental 1, 55566 Bad Sobernheim [GPS: UTM Zone 32 x: 403.152 m y: 5.514.328 m]
CHARAKTER | Wanderung auf vielen naturnahen Wegen, mit moderaten Auf- und Abstiegen; Wanderschuhe empfehlenswert.

Wanderung über die Höhen von Bad Sobernheim und am Hottenbach zurück. Ein Besuch im Rheinland-Pfälzischen Freilichtmuseum Bad Sobernheim lohnt sich.

▶ Die Wanderung beginnt am Parkplatz des **Freilichtmuseums** 01 in Bad Sobernheim. Wir wandern das Nachtigallental talauswärts und biegen nach der Korezakstraße (rechts) links in einen Grasweg ein. Nach dem kurzen, steilen Anstieg werden wir vom **„Kurt-Eimer-Tempelchen“** 02 aus mit einer fantastischen Aussicht über Bad Sobernheim belohnt. Durch schöne Waldpassagen folgen wir nun der Markierung Hottenbachweg über den Blocherberg, bachaufwärts, vorbei an Wiesen, bis wir rechts in den Wald einbiegen und an den Wegweiser „Kahler Hahn“ gelangen.
Hier lohnt sich ein ca. 1,6 km (hin und zurück) langer Umweg

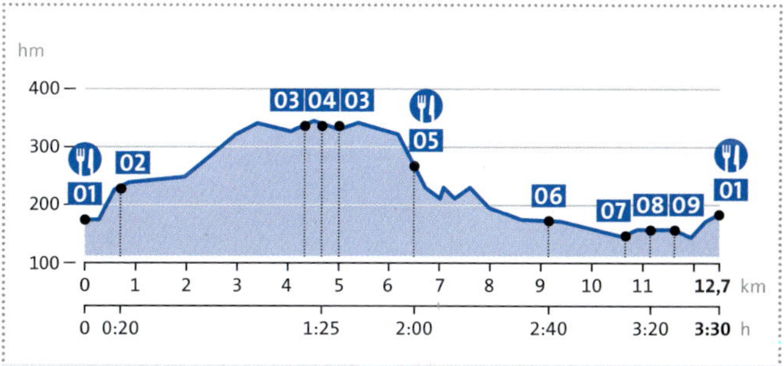

01 Freilichtmuseum, 176 m; 02 Kurt-Eimer-Tempelchen, 234 m; 03 herrliche Aussicht, 332 m; 04 Kahler Hahn, 325 m; 05 Hotel Lohmühle, 222 m; 06 Talaue, 202 m; 07 Nahe, 165 m; 08 Kurpark, 161 m; 09 Kurhaus, 155 m

Blick vom Weg zum Kahlen Hahn

zum **Aussichtspunkt „Kahler Hahn“** **04**. Schon unser Hinweg wird von einer **herrlichen Aussicht** **03** **Richtung Süden** belohnt. Wieder zurück am Hinweisschild „Kahler Hahn“ geht es nach ca. 50 m rechts ab, durch eine wunderschön, naturbelassene Schluchtenlandschaft hinunter zum **Hotel Lohmühle** **05**. Wir biegen nun rechts ab und wandern durch die **Talaue** **06** des Hottenbaches, durch Wiesenflächen, am Waldrand entlang bis kurz vor die Nahe bei Bad Sobernheim.

Der **Nahe** **07** flussabwärts folgend erreichen wir das Kurgebiet der Stadt Bad Sobernheim. Im **Kurpark** **08**, an der Nahe kann man allerlei Vögel beim Fischen beobachten, man sollte sich Zeit nehmen. Über die Felkestraße, vorbei am **Kurhaus** **09** wandern wir nun das Nachtigallental hoch zum Parkplatz des **Freilichtmuseums** **01** in Bad Sobernheim.
Ein Besuch im **Rheinland-Pfälzischen Freilichtmuseum** lohnt sich auf jeden Fall. Hier erwacht das alltägliche Leben der letzten 500

Reiher in der Nahe

Jahre zu neuem Leben. Knapp 40 historische Gebäude wurden an ihren Orginalstandorten in Rheinland-Pfalz abgebaut, auf dem Gelände des Museums wieder zusammengefügt und detailgetreu eingerichtet. Ergänzt durch Gärten, Felder, Streuobstwiesen, einem Weinberg, Weiden und die dazugehörigen Tiere vermitteln sie dem Besucher das Gefühl, in die Geschichte einzutauchen. Themen- und Aktionstage werden die ganze Saison, mit zusätzlichen Programmen, für die ganze Familie angeboten.

Rheinland-Pfälzisches Freilichtmuseum

SELZTAL – ROUTE 2 • 110 m

Babo-Häuschen und 11.000-Mägdeturm

7 km | 2:30 h | 138 hm | 138 hm | 831

START | Parkplatz Auf der Langweid, 55271 Stadecken-Elsheim [GPS: UTM Zone 32 x: 437.399 m y: 5.529.212 m]
CHARAKTER | Leichte Wanderung mit kleinen Auf- und Abstiegen. Wanderschuhe empfehlenswert.

Der Weg durch die Selzaue ist Adam Elsheimer, einem Barockmaler gewidmet, mit vielen Informationen zu seinen Kunstwerken. Weiterhin kommen wir an wunderschönen Weinberghäusern, Aussichtspunkten und an der ehemaligen Zollstelle zwischen Mainz und Kreuznach vorbei.

▶ Wir starten unsere Wanderung auf dem Parkplatz in der Straße „Auf der Langwied" in **Stadecken-Elsheim 01**. Wir folgen der Straße nach Südwesten zur Schulstraße, biegen erst rechts und gleich wieder rechts ab, bachabwärts der **Selz 02** entlang. Wir folgen der Markierung „STR – Route 2" in den Wiesenweg. Zwischen Ortsrand und der Selz entlang überqueren wir die Straße „Rue sur Mosell" und begleiten weiterhin den Bach. Am Ortsrand von Stadecken-Elsheim biegt der Weg hinter der Kleingartenanlage links ab und geht hoch durch die Weinberge, mit

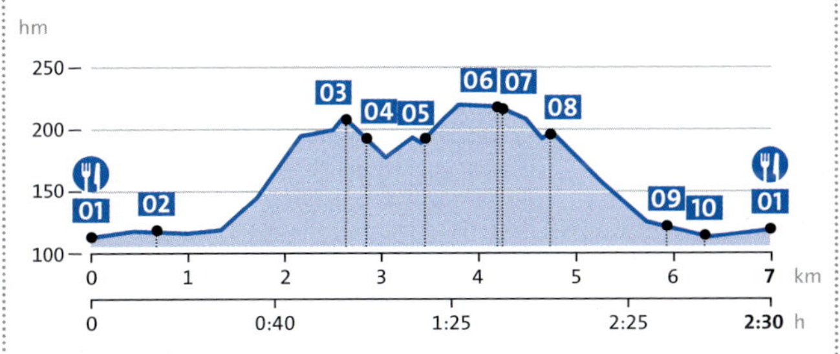

01 Stadecken-Elsheim, 110 m; **02** Selz, 107 m; **03** Aussichtsturm Hieberg, 205 m; **04** Adam-Elsheimer-Rastplatz, 184 m; **05** Weidenbornquelle, 185 m; **06** Elsheimer Tempelchen, 218 m; **07** Tisch des Weines, 213 m; **08** Babo-Häuschen, 186 m; **09** 11.000-Mägdeturm, 106 m; **10** Selzaue, 105 m

Aussicht vom Hieberg-Turm

einer herrlichen Sicht über Stadecken-Elsheim und Rheinhessen. Wir gelangen nun zur „Elsheimer Blume", einem Bodenprofil, das uns den Sandmergel näherbringt. Wir folgen links steil den Wiesenweg hoch, halten uns oben links (**Vorsicht Markierung fehlt!**) und wandern durch die Weinberge auf den weithin sichtbaren Aussichtsturm zu. Wir biegen rechts ab und erreichen den **Aussichtsturm auf dem Hieberg** **03**, mit einer fantastischen Fernsicht über Rheinhessen. Wir gehen nun ca. 40 m den Weg zurück, biegen rechts in einen Wiesenpfad (**schlecht zu erkennen!**) und kommen unten, den Wiesenpfad abwärts an den **Adam-Elsheimer-Rastplatz** **04**, der neu angelegt wurde. Am Rastplatz halten wir uns rechts und folgen der Markierung bis zur L426, die wir überqueren. Nach ca. 150 Meter biegen wir in einen Wiesenweg ab, an einem Insektenhotel vorbei sehen wir Kunst von dem oben erwähnten Adam Elsheimer, einem Barockmaler. An der **Weidenbornquelle** **05**, die hier aus der Erde tritt, besteht die Möglichkeit sich etwas zu erfrischen. Den nächsten Weg geht es steil hoch (**Vorsicht keine Markierung!**) auf den geteerten Weg. Oberhalb der Bank wandern wir weiter hoch, biegen links in den Wiesenweg ein und an dem geteerten Weg wieder links. Nun stoßen wir auf eine Mauer, die einen Weinberg verdeckt. Wir biegen für einen kleinen Abstecher nach rechts (ca. 20 m) und erblicken durch das geschlossene Tor das **Elsheimer Tempelchen** **06**, ein wunderschönes Weinberghaus. Wir gehen nun den Berg abwärts die geteerte Straße entlang und sehen nach ca. 60 m links einen schönen **Aussichtspunkt** mit einer langen Tischreihe, dem **„Tisch des Weines"** **07**. Es geht weiter abwärts zum „Elsheimer Bockstein", einem weiteren Bodenprofil, das uns den Braunlehm-Kalkstein näherbringt. An einem kleinen

11.000-Mägdeturm

Babo-Häuschen

Pfosten (wird leicht übersehen!) biegen wir rechts und gleich wieder links ab und kommen zum **Babo-Häuschen** 08, ein stattlicher Rundbau – aber auch ein Weinberghaus. Das Gelände ersteigerte 1786 der kurpfälzische Geheime Rat Johann Lambert Babo von Freifrau Marie Antoinette von Ulner und errichtete diesen Rundbau – im Volksmund Babo-Häuschen. Weiter abwärts kommen wir zur L428, überqueren diese und wandern am Ortsrand weiter zur Schillerstraße in Stadecken-Elsheim. Wir biegen nach rechts ab, biegen links ab und kommen in die Mühlstraße, der wir zum Weingut und zum **11.000-Mägdeturm** 09 folgen. Diese spätmittelalterliche Straßensperre, am gleichnamigen Weingut, stand beim Übergang der alten Straße von Mainz nach Kreuznach über der Selz. Wir biegen nun links in den Wiesenweg ein, folgen der **Selzaue** 10 bachaufwärts bis zur Schulstraße, überqueren diese und wandern zum Endpunkt, dem **Parkplatz in der Straße „Auf der Langweid in Stadecken-Elsheim** 01.

RHEINGRAFENSTEIN UND DIE GRÖSSTE STEILWAND ZWISCHEN ALPEN UND SKANDINAVIEN • 119 m

TourNatur

15,5 km | 6:00 h | 445 hm | 445 hm | 831

START | Rotenfelsstraße in 55585 Norheim
[GPS: UTM Zone 32 x: 415.143 m y: 5.518.423 m]
CHARAKTER | Wanderung für Geübte. Wanderschuhe und Wanderstöcke empfohlen!

Rheingrafenstein und die größte Steilwand zwischen Alpen und Skandinavien werden erwandert, mit faszinierenden Aussichten ins Nahetal.

▶ Die Wanderung beginnt in **Norheim** 01, dem ältesten Weindorf an der Nahe.
Wir überqueren die Nahe in östlicher Richtung, über die Fußgängerbrücke, und biegen nach links ab Richtung Bad Münster am Stein. Im Blick vor uns, das imposante **Rotenfelsmassiv** 02, die größte Steilwand zwischen Alpen und Skandinavien.
Wir flanieren durch das Nahetal, passieren die Friedensbrücke, mit Sicht auf die Ebernburg mit der Jugendherberge. Nach der Brücke rechts ab, über einen Parkplatz er-

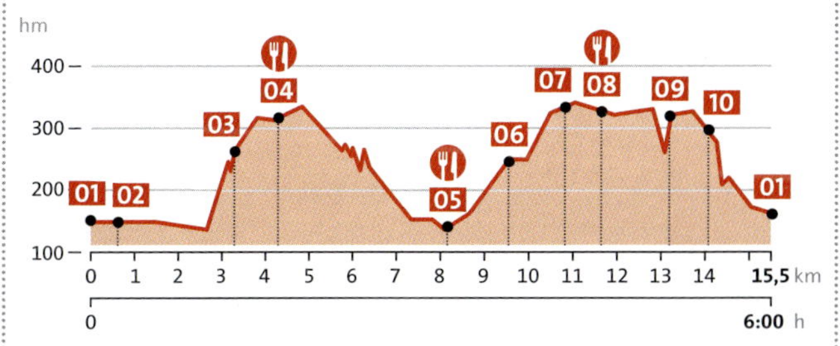

01 Norheim, 120 m; 02 Rotenfelsmassiv, 115 m; 03 Ruine Rheingrafenstein, 224 m; 04 Schloss Rheingrafenstein, 289 m; 05 Brauwerk Bad Kreuznach, 106 m; 06 Aussichtspunkt Örtels Hütte, 231 m; 07 Elisabeth-Hütte, 309 m; 08 Gaststätte zur „Bastei", 294 m; 09 Bastei, 300 m; 10 Donnersberg, 268 m

Ausblick vom Rotenfels

reichen wir am Wehr an der Nahe den Kurpark von Bad Münster am Stein mit seinem architektonischen Juwel, dem Kurmittelhaus, das 1911 im barockisierenden Jugendstil (ca. 300 m Umweg) erbaut wurde.

Nun überqueren wir mit einer Fähre (kleiner Obolus!) die Nahe und wandern am Märchenhain den Treppenweg hoch zur **Burgruine Rheingrafenstein** 03. Oben am Turm angelangt lohnt sich der Weg links herum zu den erhöhten Aussichtspunkten.

Hier hat man eine fantastische Aussicht ins Nahetal – atemberaubend – wie schön ist doch Rheinhessen.

Das kurze Stück wieder zurück biegen wir nach dem runden Turm der Burg links ab und begeben uns den Pfad hoch, an der Sternwarte vorbei, zum **Ausflugslokal Hofgut Schloss Rheingrafenstein** 04.

Wir biegen scharf links ab, wandern durch herrliche Waldpassagen und werden auf der Gans,

Blick zur Ebernburg

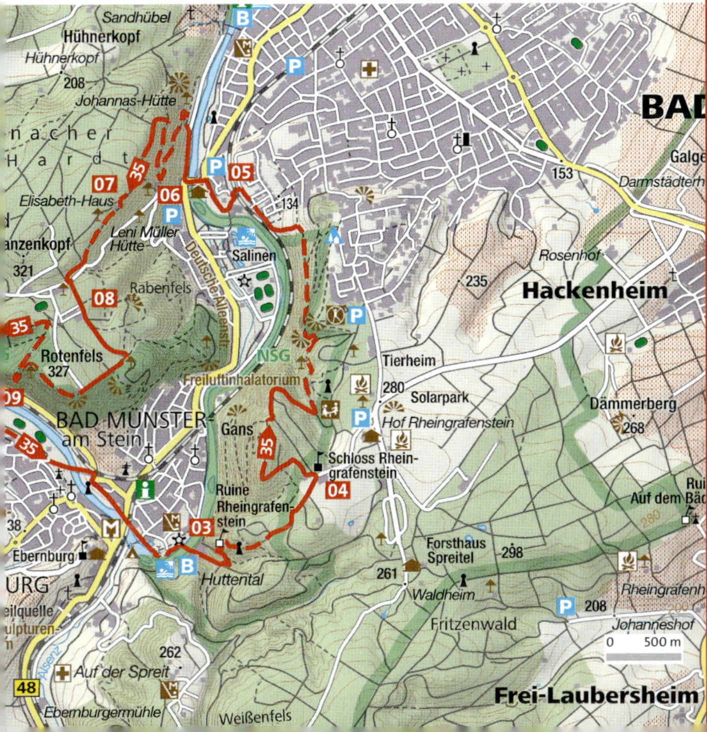

Naheblick von Burg Rheingrafenstein

einem Aussichtspunkt, mit einer atemberaubenden Fernsicht belohnt. Den Höhenweg entlang kommen wir noch an zwei wunderschönen Aussichtspunkten vorbei, bei denen wir das Salinental von Bad Kreuznach bewundern können. Unser Weg führt uns abwärts, am Campingplatz vorbei, zum **„Brauwerk" in Bad Kreuznach** 05 – wo das Bier noch selbst gebraut wird – ein Besuch lohnt sich auf jeden Fall.

Wir wandern nun über die Brücke, der B48 entlang nach Westen und biegen gleich nach der Brücke rechts ab und, ein wenig versteckt links den kleinen Pfad hoch zum nächsten **Aussichtspunkt „Örtels Hütte"** 06. Weitere Aussichtspunkte säumen unseren serpentinenartigen Weg hoch zur Hochfläche zur **Elisabeth-Hütte** 07 **mit Blick nach Bad Kreuznach**. Oben angelangt biegen wir links ab, wandern am Waldrand entlang bis vor zum Rotenfelsmassiv. Zwischendrin haben wir die Möglichkeit zur **Gaststätte „Zur Bastei"** 08 (ca. 10 Min.) abzubiegen. Nun werden wir für all unsere Anstrengungen belohnt mit der Aussicht vom Rotenfels ins Naheland. Imponierend diese Felswand – wir haben die Höhe erreicht.

Nun genießen wir den Höhenweg und wandern weiter bis zum äußersten Punkt, der **Bastei** 09 **auf dem Rotenfel**s, auf der wir etwas verweilen sollten und die Landschaft auf uns wirken lassen sollten.

Von nun an geht's bergab. Der Weg führt, teilweise alpin (kurz), abwärts mit Aussichtspunkten nach Norheim und zum **Donnersberg** 10, weiter hinunter durch die Weinberge, mit dem letzten schönen Ausblick nach Norheim, zu unserem Ausgangspunkt, der Rotenfelsstraße in **Norheim** 01.

TIEFENTHALER HÖHEN • 183 m

Hiwweltour

12,6 km | 4:00 h | 204 hm | 204 hm | 831

START | Gutsausschank „Zum Mühlenhof“ in 55546 Tiefenthal [GPS: UTM Zone 32 x: 421.197 m y: 5.512.579 m]
CHARAKTER | Moderate Auf- und Abstiege. Wanderschuhe empfehlenswert

Rundwanderung mit aussichtsreichen Waldrandpassagen und schönen Plätzen zum Verweilen mit fantastischen Aussichten.

Am **Gutsausschank „Zum Mühlenhof“** 01 folgen wir dem „Zuweg Hiwweltour Tiefenthaler Höhe“ Richtung Nordosten auf dem Kirchweg zum Friedhof des Ortes.
Wir biegen rechts ab und erreichen den Hauptweg, wandern am Waldrand weiter Richtung Nordosten und biegen links ab zum Appelbach, der durch das **Feuchtbiotop Talaue** 02 maandert. Wir verlassen die Talaue, biegen rechts ab und begeben uns wieder hoch in den Wald bis zu einem breiten Weg, dem wir bergauf folgen. Vorbei an einer interessant gewachsenen Buche, nach der Waldpassage öffnet sich uns der **Blick auf den Hof Iben** 03 in nördlicher Richtung. Am Waldrand weiter, durch ein Waldstück öffnet sich uns nun der weite Ausblick nach Nordwesten in Richtung Stein-Bockenheim. An einer **Unterstellhüt-**

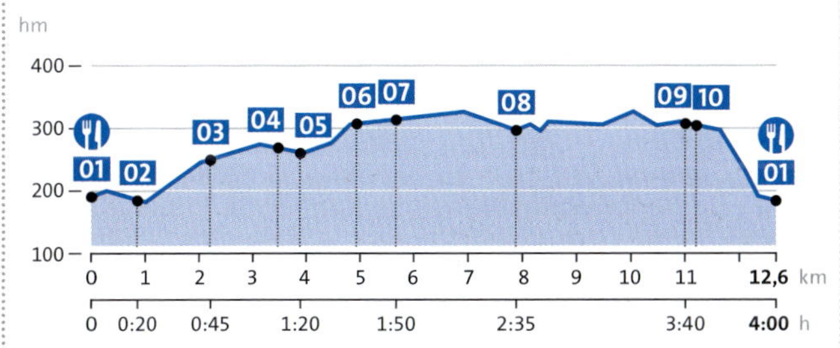

01 Gutsausschank „Zum Mühlenhof“, 181 m; 02 Feuchtbiotop Talaue, 175 m; 03 Blick auf Hof Iben, 249 m; 04 Unterstellhütte, 273 m; 05 Dunzelloch, 270 m; 06 Aussicht nach Mörsfeld und Donnersberg, 308 m; 07 Wellnessbank, 309 m; 08 Blick nach Niederhausen an der Appel un Münsterappel, 307 m; 09 Unterstellhütte, 298 m; 10 Blick auf Tiefenthal, 297 m

Steinbruch Dunzelloch

te 04 vorbei gehen wir ca. 200 Meter auf der befahrenen Straße K 3 abwärts und biegen gleich wieder rechts in einen breiten Weg ab. Ein wunderschöner Pfad führt uns durch einen „grünen Tunnel" aus dichten Hecken und Bäumen zum **Dunzelloch** 05, einem Steinbruch, wo lange Zeit wertvolles Baumaterial abgebaut wurde.

Auf dem kleinen Pfad hoch erreichen wir einen breiten Weg bis hoch zur Infotafel „Die Quecksilbergrube". Hier biegen wir rechts ab, weiter auf dem breiten Weg, der uns zum südlichen Waldrand mit Sitzgelegenheit führt. Hier genießen wir die **Aussicht nach Mörsfeld und zum Donnersberg** 06.

Bei einer **Wellnessbank** 07, die zum Relaxen einlädt, überqueren wir die K 3/K 18 und wandern gemütlich, mit herrlichen Aussichten, zum Haus Jägerlust und biegen dann wieder rechts in den Wald ab.

Nach dieser kurzen Waldpassage öffnet sich uns der **Blick nach Südwesten nach Niederhausen an der Appel und nach Münsterappel** 08. Um den Homberg, an den Weinbergen entlang, über einen Hangweg geht es nach Nordwesten und weiter nach Norden, wo sich der Wald öffnet zur Aussicht nach Tiefenthal. Weiter auf dem Hangweg, biegen wir nach ca. 600 m weiter scharf links in den Wald und passieren eine **Unterstellhütte** 09, in der wir eine kurze Verschnaufpause einlegen können, bevor es auf die letzte Etappe geht. Nochmals einen schönen **Blick auf Tiefenthal** 10 wandern wir talabwärts, über den Hohler Weg in Tiefenthal, die Hauptstraße und die Münsterthaler Straße entlang, zu unserem Tagesziel, dem **Gutsausschank „Zum Mühlenhof" in Tiefenthal** 01 mit selbstgebackenem Kuchen und Wildgerichten (Tel. +49 (0) 67 09 / 412, kurz anrufen – Wirt ist immer da!).

Aussicht oberhalb Steinbruch Dunzelloch

WINZER-ALM UND NEU-BAMBERG • 161 m

Hiwweltour – Heideblick

11 km | 3:30 h | 235 hm | 235 hm | 831

START | Sandstraße in 55599 Siefersheim
[GPS: UTM Zone 32 x: 424.795 m y: 5.516.396 m]
CHARAKTER | Moderate Auf- und Abstiege mit faszinierenden Aussichten.

Ein Wanderweg durch die Weinberge Rheinhessens über die Höhen ins Appelbachtal mit fantastischen Aussichten.

▶ Unser Wanderweg beginnt in der **Sandgasse Siefersheim** 01.
Wir folgen dem „Zuweg Hiwweltour Heideblick" die Straße bergauf (nach Südwesten) zum Hauptweg der Hiwweltour Heideblick.
Bevor wir den Hauptweg nach links weitergehen, lohnt sich ein kleiner Abstecher nach rechts (ca. 200 m) zur Strandablagerung an der „Hornberg-Insel-Sandgrube Siefersheim".
Wir befinden uns am östlichen Strandbereich, der ehemaligen Hornberg-Insel am Rande des Tertiär-Meeres (ca. 30 Millionen Jahre alt).
Auf unserem Rückweg wandern wir nun geradeaus bergauf, vorbei an einer Weinberghütte und gelangen zum **Aussichtspunkt Höll** 02.

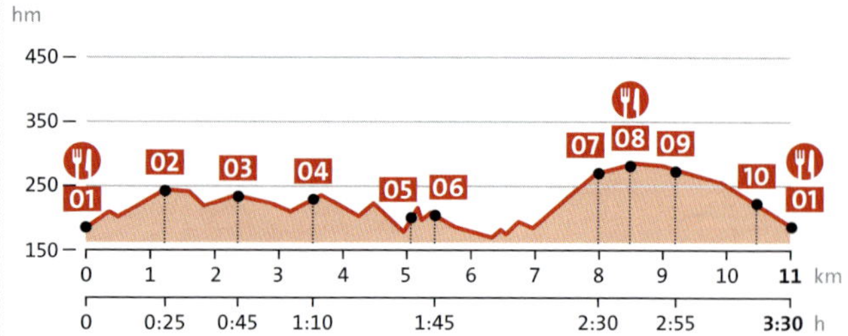

01 Sandgasse Siefersheim, 163 m; 02 Aussichtspunkt Höll, 211 m; 03 Ryolithsäulen, 193 m; 04 Ajaxturm, 197 m; 05 Hesselborner Mühle, 163 m; 06 Burgblick, 196 m; 07 Adlerdenkmal, 243 m; 08 Winzer-Alm, 260 m; 09 Weinberghütte, 251 m; 10 Aussicht Siefersheim, 207 m

Am Südhang des Naturschutzgebietes Höll befinden sich an unserem Wanderweg **Die Säulen der Insel-Rhyolith an der Heerkretz** 03, säulenförmige Absonderungsflächen im Rhyolith, einem vulkanischen Gestein aus dem Zeitalter des Rotliegenden (ca. 290 Millionen Jahre alt).
Weiter am Südhang entlang, parallel zur L409, mit Weitsicht nach Wonsheim, gelangen wir zum **Ajaxturm** 04, ein Weinberghäuschen, das leider nicht bestiegen werden kann.
Den Weg am Hang weiter erreichen wir den Nordhang mit Panoramaaussicht nach Frei-Laubersheim. Wir wandern den Mühlberg abwärts, zur **Hesselborner Mühle** 05, ein Weingut der Familie Baumgärtner direkt am Appelbach. Auf der Anhöhe thront die Burgruine Neu Baumburg majestätisch vor unseren Augen.
Wir wandern aufwärts durch den Wald, bis sich linker Hand nochmals ein fantastischer **Blick auf die Burgruine Neu Baumburg** 06 öffnet.
Flussabwärts, durch das Appelbachtal, streifen wir die Fischweiher des Fischvereins Wallertheim und biegen kurz vorm Parkplatz am Naturschutzgebiet Haarberg-Höllberg scharf rechts ab und wandern im Wald die Serpentinen hoch zum **Adlerdenkmal** 07.
Nun kommen wir zum Namensgeber dieser Tour, zur Heidefläche. Zu den in Mitteleuropa besonders gefährdeten Lebensräumen zählen u. a. orchideenreiche Halbtrockenrasen, trockene Heiden,

Aussicht von der Heidefläche

Felsen und magere Wiesen. Hier ist die Charakterpflanze das Heidekraut.

Eine Relaxbank lädt zum Verweilen ein, 200 m weiter, nach Osten, öffnet sich der Blick auf Siefersheim. Hier hat das Weingut Zimmermann eine **Winzer-Alm** 08 eingerichtet: „Wenn die Fahne schwenkt, wird von Mai bis Oktober, samstags und sonntags von 14 bis 18 Uhr, ausgeschenkt" – eine schöne Einrichtung. Unser Weg führt weiter an einer **Weinberghütte** 09 bergabwärts zur „Brandungszone und Insel – die Kliffstufe".

Hier erkennt man deutlich die Strudellöcher vom ehemaligen Tertär-Meer.

Nach der letzen **Aussicht nach Siefersheim** 10 erreichen wir unserem Ausgangspunkt, die **Sandgasse in Siefersheim** 01.

Blick zur Burgruine Neu Baumburg

STEINBRÜCHE, KNORRIGE EICHEN UND KIEFERNWÄLDER • 175 m

Hiwweltour – Eichelberg

11,3 km | 3:30 h | 245 hm | 245 hm | 831

START | Parkplatz zwischen 55546 Neu-Bamberg und 5554 Frei-Laubersheim (Nähe Bahnhof) [GPS: UTM Zone 32 x: 421.949 m y: 5.516.894 m]
CHARAKTER | Eine Wanderung mit moderaten An- und Abstiegen. Wanderschuhe empfehlenswert.

Die Wanderung führt an herrlichen Verweilplätzen mit reizvollen Aussichten nach Rheinhessen und an stillgelegten, landschaftlich reizvollen Steinbrüchen vorbei.

▶ Wir starten am Parkplatz zwischen Neu-Bamberg und **Frei-Laubersheim** 01 unsere Wanderung Richtung Südwesten zum Wegweiser der Hiwweltour „Eichelberg“. Der Weg führt rechts, einen kleinen Wiesenweg abwärts, zum Hauptweg, dem wir nach links folgen. Der von Büschen gesäumte Weg lässt herrliche Blicke nach Frei-Laubersheim zu. Nach dem Ortsrand wandern wir die Straße Vogelsang hoch zur **Waldbühne** 02, queren diese und gehen auf einem Pfad, der Mar-

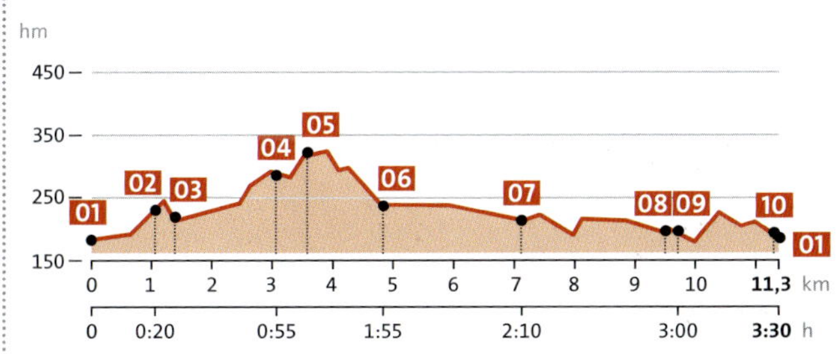

01 Frei-Laubersheim, 175 m; 02 Waldbühne, 215 m; 03 Alter Steinbruch, 210 m; 04 Unterstellhütte, 272 m; 05 Nordpfalzblick, 292 m; 06 Weinbergmauer, 249 m; 07 Blick zum Hof Iben, 208 m; 08 Tisch des Weines, 193 m; 09 Wegweiser, 188 m; 10 Steinbruchgelände, 200 m

Aussichtspunkt

kierung folgend, in den Wald. Am nächsten Abzweig steht auf dem Wegweiser **„Alter Steinbruch 0,1 km“ 03**.
Dieser Abstecher lohnt sich. Hier sind Reiher und Störche zu sehen, ein wahres Paradies für Tiere im naturbelassenen ehemaligen Steinbruchgelände.
Der Pfad verläuft nun abwärts und stößt im Tal auf eine breite Allee, der wir links weiter, mit Bachbegleitung, folgen. Kleine Treppen (Vorsicht Markierung!) führen uns zu einer Werkstraße, die wir überqueren. Durch herrlichen Wald, immer aufwärts, erreichen wir eine **Unterstellhütte 04** auf dem Eichelberg, die zum Rasten einlädt.
Dem Pfad weiter folgend lichtet sich der Wald und eine Aussicht bietet sich in die **Nordpfalz 05**. Wir wandern nun den Serpentinenweg abwärts, an der Rabenkanzel vorbei, genießen vom Waldrand die Aussicht nach Fürfeld und biegen vorm Ortseingang links in die Weinberge ein. Nach einem kleinen Anstieg geht es am Hang entlang Richtung Osten. In den Weinbergen sehen wir nun rechts unten im Tal die **Thalermühle**. **Weinbergmauern 06** und eine Wellnessbank stehen an unseren Weg, der durch eine kleine Waldfläche und offene Flächen führt, bevor wir rechts unten den **Hof Iben 07** erblicken.
Hof Iben ist eine alte Wasserburg. Die Kapelle gehört zu den frühesten Bauwerken der Hochgotik in Deutschland.
Weiter auf dem Hangweg, oberhalb des Appeltales, sehen wir vor uns auf der anderen Talseite den Ajaxturm. Vorbei am **„Tisch des Weines“ 08** (schöner Blick zur Burg Neu Baumburg) kommen wir zum nächsten **Wegweiser 09**, bei dem die Möglichkeit besteht, zur Sartesheimer Kirche (kurzer Abstecher!) zu wandern.
Wir halten uns links, folgen der Markierung und stoßen wieder auf das **Steinbruchgelände 10**, das uns nochmals mit seinen herrlichen Weihern und naturbelassenen Flächen zum Staunen und Beobachten einlädt.
Der letze Teil der Wanderung führt uns wieder zurück zum Parkplatz zwischen Neu-Bamberg und **Frei-Laubersheim 01**.

Alter Steinbruch

DER KÜSTENWEG UM FLONHEIM • 187 m

Küstenweg

Der apulische Trullo

8 km | 3:00 h | 134 hm | 134 hm | 831

START | Bahnhofstraße in 55237 Flonheim
[GPS: UTM Zone 32 x: 431.107 m y: 5.514.622 m]
CHARAKTER | Rundwanderung mit kleinen Steigungen. Wanderschuhe empfehlenswert.

Eine Wanderung durch die typische Landschaft Rheinhessens mit fantastischen Aussichten nach Rheinhessen, die Nordpfalz und in den Taunus.

▶ Auf der Bahnhofstraße in **Flonheim** 01 wandern wir nach Süden und erreichen das Schild „Schauinsland".
Dieser kleine Abstecher zum **Aussichtspunkt Schauinsland** 02 belohnt uns mit herrlichen Ausblicken Richtung Westen.

Nach diesem kleinen Umweg kommen wir auf dem Hauptweg zum **Naturfreundehaus „Schauinsland"** 03, das am Wochenende und an Feiertagen vom 1. Mai bis 5. Oktober ab 10 Uhr geöffnet hat. Vorbei am ehemaligen Spritzenhaus der Gemeinde Flonheim, das als Rastplatz hierher versetzt wurde, öffnet sich die Landschaft an der **Hütte Donnersbergblick** 04. Weiter bergan geradeaus biegen wir kurz vor dem Wald nach rechts ab. Auf unserem Weg durch die

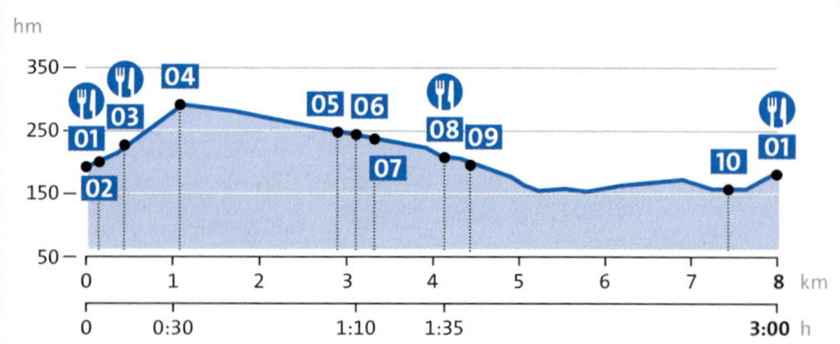

01 Flonheim, 192 m; 02 Aussichtspunkt Schauinsland, 198 m; 03 Naturfreundehaus Schauinsland, 201 m; 04 Hütte Donnersbergblick, 274 m; 05 Rastplatz Flonheimblick, 254 m; 06 Hütte Eibach-Wäldchen, 249 m; 07 Trullo, 244 m; 08 Aulheimer Mühle, 208 m; 09 Andesit-Brüche, 201 m; 10 Wirtshaus am Adelberg, 156 m

Trullo

156
Zehntplatz
198
158
Kisselberg
Flonheim
Neumühle
143
Am Mühlweg
Langer Stein
Wiesberg
162
144
Uffhofen
157
Pfaffenberg
Bornheim
153
10
39
stillgelegt
01
188
02
P
03
39
04
Galgen
274
Oswaldsh
155
Adelberg
220
07
05
06
Geistermühle
Wiesbach
P
39
09
Aulheimermühlen
08
231
Rübenmühle
An den Hesseln
Kleemühlchen
Am Haffstein
292
Wingertsberg
Deutsche Alleenstr.
Eicher Wald
267
0
500 m

Obstbäume bei Uffhofen

Weinberge öffnet sich eine weitere grandiose Aussicht nach Rheinhessen und dem benachbarten Taunus. Vorbei an einer knorrigen Eiche, danach links ab, kommen wir an einen überdachten **Rastplatz mit Blick auf Flonheim 05**.

Die **Hütte Eibach-Wäldchen 06**, auch ein Verweilplatz, streifen wir und erblicken schon von weitem ein weißes Bauwerk, einen **Trullo 07**.

Der Trullo ist ein Weinberghäuschen im Stile der apullischen Trulli erbaut zwischen 1720 und 1760 und in dieser Form einmalig in Deutschland. Von hier kann man bei klarer Sicht das Niederwalddenkmal über dem Rhein bei Rüdesheim sehen. Neben dem Trullo wurde ein Weinbaulehrgarten angelegt, in dem man im Herbst die verschiedenen Traubensorten probieren darf.

Unser Weg führt uns abwärts zur **Aulheimer Mühle 08**, die zur Einkehr einlädt, in einer herrlichen Kulisse – im Rücken auf der Anhöhe nochmals den Trullo.

Wir biegen rechts ab in die Aue, wandern bachabwärts zu den **Andesit-Brüchen 09**, einem vulkanischen Gestein mit mittlerem Siliciumdioxid-Gehalt.

Weiter durch die wunderschöne von Felsen geprägte Landschaft erblicken wir das Naturdenkmal Rabenkanzel, einem Porphyrfelsen. Alte Weinbergmauern begleiten uns auf unserem Weg zum Weingut Geistermühle (kleiner Umweg), das Führungen und Events anbietet.

Auf dem letzten Teilstück unserer Wanderung streifen wir Obstplantagen, die im Frühjahr in voller Blüte eine Augenweide sind. Entlang der alten Bahntrasse wandern wir durch den kleinen Park, an der Adelberger Halle und am **Wirtshaus am Adelberg 10** (geschlossen!) vorbei und gehen die Bahnhofstraße hoch nach **Flonheim 01** zurück.

BAUMGEISTERTOUR • 316 m

Rundwanderung im Binger Stadtwald

16,4 km | 5:30 h | 486 hm | 486 hm | 831

START | Parkplatz am Forsthaus Jägerhaus in 55425 Waldalgesheim [GPS: UTM Zone 32 x: 415.913 m y: 5.537.541 m]
CHARAKTER | Rundwanderung mit moderaten Auf- und Abstiegen durch viele Waldpassagen. Wanderschuhe empfehlenswert.

Die Wanderung ist nur bedingt familiengerecht, aber mit vielen Erlebnispunkten bestückt. Anstiege kommen nach der Burg Rheinstein.

Die Wanderung startet am **Parkplatz Forsthaus Jägerhaus** 01 in der Nähe von Waldalgesheim. Neben dem Gasthaus führt am Wegweiser der markierte Wanderweg hinab in die **Steckschlääferklamm** 02, die im Sommer angenehm kühl ist.

Wir überqueren eine Straße, folgen dem Wegweiser „Berg" und wandern auf dem geschotterten Waldweg zur **„Villa Rustica"** 03 (Vorsicht, Weg biegt scharf links ab, Markierung beachten!), einer römischen Villa, an der man Ausgrabungen besichtigen kann. Ein schöner schattiger Rastplatz lädt zum Verweilen ein.
Ein Stück weiter (ca. 500 Meter), biegt der Weg (etwas versteckt) rechts auf einen Steg, der nur mit querliegenden kleinen Baum-

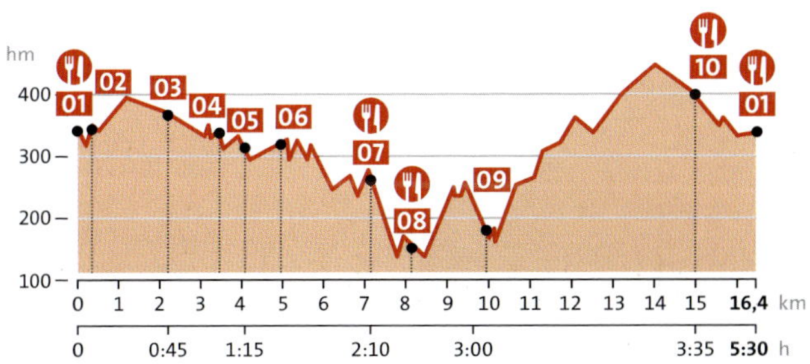

01 Parkplatz Forsthaus Jägerhaus, 317 m; 02 Steckschlääferklamm, 291 m; 03 Villa Rustica, 337 m; 04 Hängebrücke, 300 m; 05 Forsthaus Heiligenkreuz, 276 m; 06 Schöne Aussicht, 286 m; 07 Schweizer Haus, 206 m; 08 Burg Rheinstein, 148 m; 09 Morgenbachtal, 143 m; 10 Gerhardshof, 333 m

stämmen befestigt ist, ein. Romantisch führt dieser Steg durch eine kleine Waldpassage mit Schautafeln.
Wir stoßen nun wieder auf den Hauptweg und staunen über einen Baum, der auf dem Kopf steht – wie verzweigt doch das Wurzelwerk eines Baumes ist, kann man hier bestaunen.
Ein Highlight jagd das andere. Wir überqueren das Tal über eine **Hängebrücke** 04, eine wackelige Angelegenheit.
Am **Forsthaus Heiligenkreuz** 05 scharf links geht es aufwärts zu einem der schönsten **Aussichtspunkte der Tour** 06, einem Blick auf den Rhein bei Bingen und Rüdesheim.
Viele Aussichten mit Wellness- oder Relaxbänken liegen nun auf unserem weiterem Weg – einmal Blick stromaufwärts, einmal stromabwärts.
Das **Schweizer Haus** 07, einem Einkehrlokal hoch über dem Rhein, mit fantastischem Rheinblick, sollte man nicht auslassen.
Wir wandern nun einen Pfad bergab weiter zu einem schönen Felsen mit Blick auf die Burg Rheinstein – Bilderbuchlandschaft. Nur ein paar Hundert Meter weiter erreichen wir nun die **Burg Rheinstein** 08, wieder mit einer Möglichkeit zur Einkehr. Burg Rheinstein ist ein Romantikschloss und sorgfältig restauriert. Glasmalereien, Deckenfresken u. v. m. sind zu sehen, ein Abstecher lohnt sich.
Ab hier ansteigend führt unser Wanderweg durch's romantische **Morgenbachtal** 09, mit wunderschönen kleinen Wasserfällen und interessant gebildeten Felsen, hoch zum **Gerhardshof** 10, einer Übernachtungsmöglichkeit.
Über Waldwege ab- und aufwärts, am Schägleberg vorbei, geht es nochmals ein Stück das Morgenbachtal Richtung Osten, bevor wir den letzten Anstieg erklimmen und wieder am **Parkplatz Forsthaus Jägerhaus** 01 (Einkehrmöglichkeit) herauskommen – unserem Endpunkt der Rundwanderung.

Burg Rheinstein

Trechtingshausen
Burg Sooneck
Sieben-
burgenblick
439
Soonecker Grund
Schneckenhof
Angstfels
81
Bodental
Bodenthal
78
Weberhütte
415
Teufelskadrich
Rheinischer Sagenweg
Rheingauer Riesling-Route
Buckerborn
Palmkopf
St. Georgbn.
229
Trechtingshauser Bach
Hagelkreuz
Burg
Reichenstein
Morgenbachtal
Klemenskapelle
Klemensgrund
77
617
425
Beilenstein
378
Ziemerkopf
384
NSG
Gerhardshof
Ohligsberg
311
Kletter-
felsen
79
Burg
Rheinstein
Schweizer-
haus
Zollhof
Schägleberg
432
Aderbach
Morgenbachtal
Jagdhaus
Lendershof
Philosophenweg
Morgenbach
Jägerhaus
Steckeschlääfer-
klamm
Veitsberg
390
Poßbachweg
Großer Rheinberg
78
Zweites Fahrwasser
Kaltwasser-
eiche
Entenpfühl
Druidenberg
385
Am Kreuzberg
Bodmannstein
Wochenend-
häuser
Wüstung
Röm.
Gutshof
Forsthaus
Heiligkreuz
Buchenhag
Mammutbaum
343
BINGEN
Bellkreuz
Jagdhaus Marbach
Elisabeth-
quelle
Frankenheimer
Römerstraße
Stöckert
387
Landwirtschafts-
hof
Amalienhöhe
Bergwerk
Oberstraße
301
Gilsdorfkreuz
Braunstein
Elisenhöhe
323
Köpfchen
Erbacherweg
Solarpark
0
500 m
255
01
02
03
04
05
06
07
08
09
10
40

BISMARCK UND BENGALISCHE TIGER • 209 m

hiwweltour bismarckturm

Hiwweltour – Bismarckturm

10,5 km | 3:30 h | 165 hm | 165 hm | 831

START | Parkplatz Bismarckturm in der Nähe von 55435 Gau-Algesheim
[GPS: UTM Zone 32 x: 430.867 m y: 5.534.588 m]
CHARAKTER | Eine Wanderung mit moderaten Auf- und Abstiegen. Wanderschuhe empfehlenswert.

Schöne Waldpassagen und Weinberge säumen unseren Weg. Als Abschluß der Wanderung hat man vom Bismarckturm eine herrliche Aussicht ins Rheintal Richtung Ingelheim. Ein Besuch des Tiger-Gartens lohnt sich.

▶ Die Wanderung startet am **Parkplatz Bismarckturm 01 in der Nähe von Gau-Algesheim**.
Ca. 50 m in westlicher Richtung streifen wir das **Bergrestaurant Waldeck** (Einkehrmöglichkeit) und den **Bismarckturm 02**, den wir am Anfang oder am Schluss der Wanderung erklimmen können. Wir wandern ca. 50 m in nördlicher Richtung und biegen links ab, am Hang entlang, mit einer schönen Aussicht auf Ingelheim. Immer Richtung Westen, zum **Aussichtspunkt GAGA 03**, mit dem nächsten Blick auf Gau-Algesheim.

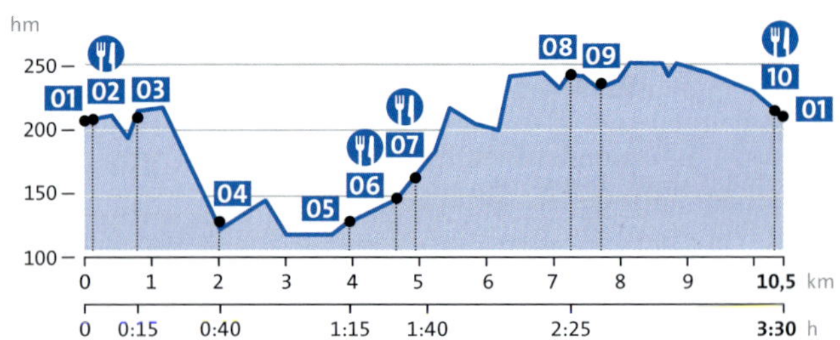

01 Parkplatz am Bismarckturm, 209 m; 02 Bismarckturm/Bergrestaurant Waldeck, 212 m; 03 Aussichtspunkt GAGA, 198 m; 04 Gau-Algesheim, 135 m; 05 ehemalige-Unterbollermühle, 138 m; 06 Appenheim 156 m; 07 Hotel Eppard in der 100-Guldenmühle, 154 m; 08 Rheingaublick, 228 m; 09 Aussicht nach Ingelheim, 231 m; 10 Brauser's Bergschänke, 225 m

Der Weg geht nun bergauf, an ehemaligen Infanteriestellungen aus dem Krieg vorbei, aber gleich wieder bergab nach **Gau-Algesheim** **04**.
Am Weinberghang entlang gelangen wir zur **ehemaligen Unterbollermühle (Reizenmühle)** **05** und wandern am Welzbach, bachaufwärts, nach **Appenheim** **06**.
Wir überqueren die Brücke über den Welzbach, gehen rechts den Pfad durch die Grünanlage hoch und biegen links ab auf den breiten Weg zum **Hotel „Eppard in der 100-Guldenmühle** **07**, ein herrlich gelegenes Restaurant mit Freisitz.
Den weiteren Weg wandern wir rechts bergan auf einen Wiesenweg durch die Weinberge. Wir überqueren den geteerten Weg und biegen den nächsten Feldweg rechts ab bis zum befestigten Weg, den wir scharf links, bergauf abbiegen. Nun geht es den Hang entlang, der Markierung folgend

Eppard in der 100-Guldenmühle

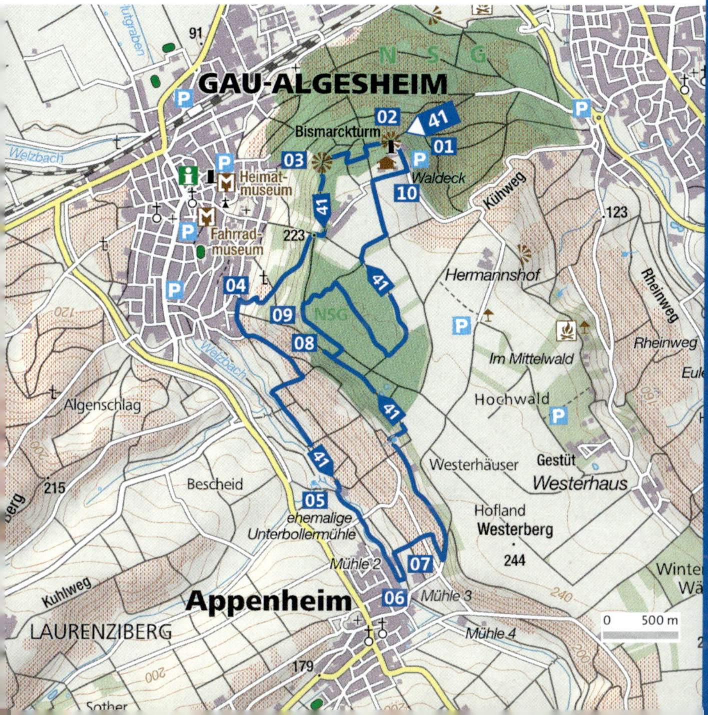

Bismarckturm

bis zu einer Sitzbank. Nach der Bank geht es einige Treppen hoch, an der Informationstafel „Quelle in der Michelskaut“ vorbei und oben links in den Wiesenweg.

Durch ein Baumtor wandern wir weiter zu einem Wegweiser, der uns auf den **„Rheingaublick“** **08** hinweist, der kurze Abstecher lohnt sich.

Wir gehen das kurze Stück wieder zurück und biegen links ab, immer der Markierung folgend. Die nächste **Aussicht** haben wir auf die **Stadt Ingelheim** **09**. Über schöne Waldwege und herrliche Waldpassagen erreichen wir ein Hochplateau, wandern am Zaun entlang und gelangen über offene Flächen zu einer Pferdekoppel. Wir folgen weiter der Markierung und stoßen auf einen breiten Weg zu **„Brauser's Bergschänke“** **10**. An der nächsten Kreuzung links gelangen wir zum Ausgangspunkt, zum **Parkplatz Bismarckturm** **01**.

Eine Besonderheit ist der **Tiergarten Waldeck e. V.** **02**, in dem mittlerweile sieben erwachsene Bengal-Tiger ihr Zuhause haben. Peter Schweikard, 1. Vorsitzender des Vereins, hat diesen Park gegründet.

Hier besteht auch die Möglichkeit zur Einkehr im **Bergrestaurant Waldeck**.

Der **Bismarckturm** **01** von Ingelheim, mit einer hervorragenden Fernsicht, wurde zu Ehren des deutschen Reichskanzlers Fürst Otto von Bismarck erbaut. Der vom Architekten Wilhelm Kreis geplante Aussichtsturm auf dem Warteberg oberhalb der Stadt hat eine Höhe von 31 m. Er wurde mit Bossenwerkmauern und neuromantischen Elementen erbaut und 1912 eingeweiht.

DAS ZELLERTAL IN RHEINHESSEN • 173 m

Der östliche Zellertalweg (Teilstück)

15,5 km | 4:30 h | 193 hm | 193 hm | 831

START | Bahnhof Harxheim, Bahnhofstraße, 67308 Harxheim [GPS: UTM Zone 32 x: 437.657 m y: 5.499.077 m]
CHARAKTER | Rundwanderweg, moderat ansteigend zwischen Monsheim und Mölsheim. Wanderschuhe empfehlenswert.

Das Zellertal ist eine Talregion im Osten des Nordpfälzer Berglandes und gehört im Westteil zu der Pfalz und im Osten zu Rheinhessen. Der 2015 angelegte Zellertalwanderweg führt ca. 45 km durch diese wunderschöne Region. Ein Teil dieses Rundwanderweges von Harxheim nach Monsheim und zurück wird hier beschrieben.

▶ Wir starten unseren Rundwanderweg am Bahnhof in **Harxheim im Zellertal** 01 nach Norden zur Wachenheimer Straße, biegen nach links ab und gelangen zur Bubenheimer Straße.
Wir wandern rechts die Hauptstraße bis zur B 47, überqueren diese und biegen nach ca. 70 m rechts in den geteerten Radweg ab.
Auf diesem Radweg erreichen wir **Niefernheim** 02, einem kleinen romantischen Weinort.
Der Name stammt aus der Zeit um 1300, als der hl. Philipp auf einer Anhöhe seine Behausung errich-

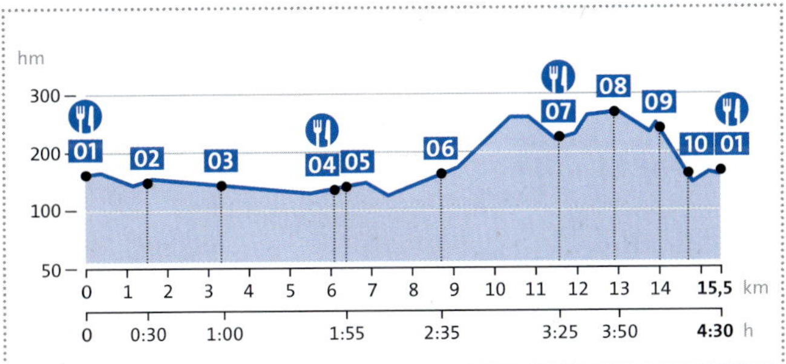

01 Harxheim, 170 m; 02 Niefernheim, 160 m; 03 Schlossmühle Wachenheim, 151 m; 04 Monsheim, 151 m; 05 Schloss Monsheim, 144 m; 06 Trullo, 165 m; 07 Mölsheim, 210 m; 08 Zellertaler Ehrenmal, 245 m; 09 Zell, 234 m; 10 Bannmühle, 158 m

Trullo

279
Ostenberg
289
Hünenstein
Kappesgrund
285
Osterberg
Einselthum
Keller
Zell
Klosterhof
08
09
42
47
162
Kleinmühle
Wiesenmühle
Zellertal
Bannmühle
Niefernheim
07
10
02
Reitzenmühle
03
01
Zellertalbahn
Immesheim
Harxheim
Birnhaag
187
Borkensteinermühle
Dörrmühle
Kalkwerk
Vogelgesang
214
Bubenheim
300
Hol

tete (lat. Cella), die dem Tal später den Namen gab. Das Ortsbild wird durch stattliche Weingüter und großen Bäumen geprägt.
Unser Wanderweg geht weiter Richtung Süden, die Brückenstraße weiter, bis wir nach der Brücke, vorm Haus Lauer, nach links abbiegen, parallel zur Pfrimm.
Die Pfrimm entspringt in der Nähe von Sippersfeld und fließt nach ca. 43 km in den Rhein. Diesem Fluss folgen wir, an der Reitzenmühle vorbei, nach Wachenheim. Wir biegen links in die Mühlgasse ein und sehen in ca. 100 m Entfernung die **Schlossmühle in Wachenheim** **03**, eine Bannmühle, die im Laufe der Jahrhunderte als Getreidemühle mit einem Schälgang und zwei Mahlgängen, aber auch als Ölmühle betrieben wurde.
Ehemals trennte die westliche Gemarkungsgrenze von Wachenheim das Großherzogtum Hessen vom Königreich Bayern. Heute begegnen sich hier Rheinhessen und die Pfalz.
Gleich hinter der Brücke biegen wir rechts in die Pfrimmaue und folgen weiter der Markierung.
Wir überqueren die K1, folgen der Pfrimm, an der Neumühle vorbei, unter der Eisenbahnbrücke durch, nach **Monsheim** **04**, dem östlichsten Ort des Zellertales.
Monsheim besteht eigentlich aus zwei Dörfern, die „Bachstelze" und die „Sandhase". Ersteres steht für die Nähe des alten Dorfes

Weinberghaus

Monsheim zur Pfrimm, zweiteres für die Sandgruben im heutigen Ortsteil Kriegsheim, wo früher Kaolin (Porzellanerde) abgebaut wurde.

Wir kommen nun in die Schlosshohlstraße (wenn sie nach links gehen, gelangen Sie zum **Schloss Monsheim** 05) und biegen erst rechts und nach ca. 100 m in die Bahnhofstraße zum Bahnhof ab. Bergab links in die Denkmalstraße, bis zur Hauptstraße, erst nach rechts und nach ca. 80 m nach links wieder zur Pfrimm.

Wir überqueren die Alzeyer Straße (B 271) gehen die Niederflörsheimer Straße hoch und biegen links ab, leicht ansteigend, in die Weinberge. Linker Hand auf unserem Weg kommen wir an einem weiß gekalkten Bauwerk vorbei, einem sogenannten **Trullo** 06 (siehe auch Tour 39).

Dieser Trullo diente vor allem vor der Maschinisierung der Landwirtschaft den zahlreichen Feldarbeitern als Unterschlupf, Schutz- und Pausenhütte sowie Geräte- und Materiallager. Weiter durch die Weinberge, mit herrlichem Ausblick ins Zellertal, zum Donnersberg und Odenwald, wandern wir nach **Mölsheim** 07, das 1930 Geschichte schrieb.

Hier wurde eine reich verzierte Filigranscheibenfibel aus der nerowingischen Epoche (7. Jh.) von einem Bauern entdeckt. Diese wird heute im Hessischen Landesmuseum in Darmstadt ausgestellt.

Wir durchwandern den schmucken Weinort auf der Hauptstraße nach Südwesten und biegen in der Kehre am Ortsausgang wieder rechts in die Weinberge ein. Nun sehen wir im Westen auf unserem Weg das Wahrzeichen des Tales, das 15 Meter hohe monumentale **Zellertaler Ehrenmal** 08, das zu Ehren der Gefallenen des Ersten Weltkrieges erbaut wurde (nur von der Straße erreichbar!)

Von herrlichen Aussichten belohnt erreichen wir **Zell** 09, geprägt durch die Silhouette der beiden Kirchen, die zugleich an die lange Tradition als Wallfahrtsort zu Ehren des hl. Philipp erinnern. Wunderschöne Häuser und Weingüter säumen unseren Weg, der uns am Rathaus bergab (Schild Richtung Harxheim 1,2 km folgen) wieder, vorbei an der **Bannmühle** 10, nach Harxheim bringt. Wir überqueren die B 47, gehen die Hauptstraße hoch, biegen links in die Bahnhofstraße ein und kommen wieder zum Ausgangspunkt am Bahnhof in **Harxheim** 01 an.

LENNEBERG – DIE GRÜNE LUNGE VON MAINZ • 130 m

Rundwanderung im Lennewald

7,3 km | 2:30 h | 96 hm ↗ | 96 hm ↘ | 831

START | Kapellenstraße in 55124 Mainz-Gonsenheim [GPS: UTM Zone 32 x: 442.602 m y: 5.539.681 m]
CHARAKTER | Keine nennenswerten Steigungen. Wanderschuhe empfehlenswert.

Der Wanderweg ohne nennenswerte Steigungen ist nur teilweise markiert, läuft aber auf herrlichen Wegen durch den Lenneberger Wald – die grüne Lunge von Mainz, einem Erholungsgebiet.

▶ Die Wanderung startet in **Mainz-Gonsenheim in der Kapellenstraße** 01, wo auch **Parkplätze** vorhanden sind. Als erstes sehen wir die **Vierzehn-Nothelfer-Kapelle** 02 in Mainz-Gonsenheim, die für die vierzehn Nothelfer (vierzehn Heilige aus dem zweiten bis vierten Jahrhundert) geweiht wurde. Wir wandern den Wendelinusweg leicht hoch und biegen nach der Brücke, hinter den Leitplanken, rechts in den geschotterten Weg ein. Über einen Waldweg mit Nadelbäumen, immer geradeaus, kommen wir zu einem **Bilderrahmen** 03, der mit „Nachhaltig-

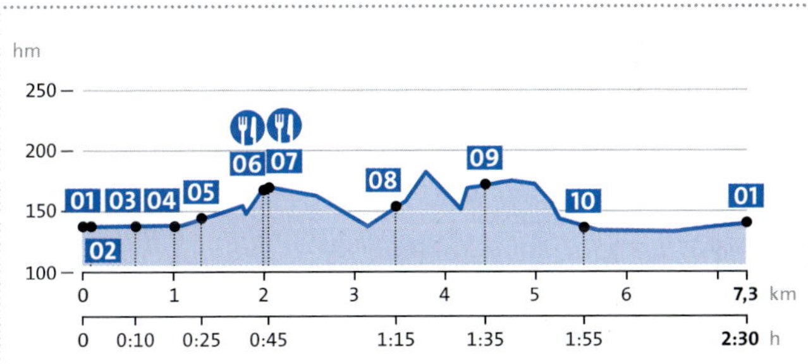

01 Parkplatz Kapellenstraße, Mainz-Gonsenheim, 130 m; 02 Vierzehn-Nothhelferkapelle, 131 m; 03 Bilderrahmen, 135 m; 04 Wendelinusheim/-kapellen, 134 m; 05 Unterstellhütte, 131 m; 06 Lennebergturm, 170 m; 07 Restaurant „Am Turm“, 170 m; 08 Grünes-Haus-Waldkindergarten, 143 m; 09 Schloss Waldthausen, 166 m; 10 Unterstellhütte, 138 m

Lennebergturm

keit" betitelt ist. Wir biegen den nächsten breiten Weg links ab, halten uns immer links und erreichen das **Wendelinusheim** 04 mit seinen **zwei Wendelinuskapellen**. Weiter rechts wandern wir auf dem breiten Weg oder dem schmalen Pfad bis zu einer **Unterstellhütte** 05. Wir folgen links der Markierung Richtung Lennebergturm. Der Weg geht fast kerzengerade leicht hoch, immer Richtung Lennebergturm. Nun steigen wir die Treppe hoch zum **Lennebergturm** 06 mit einer fantastischen Rundumsicht. Weiter geht es nun mit der Markierung „Kleiner Mainzer Höhenweg". Wir streifen das **Restaurant „Am Turm"** 07 (Einkehrmöglichkeit, Öffnungszeiten beachten!) und gehen auf der Markierung über den geteerten Weg zur Hauptverkehrsstraße. Wir überqueren diese, halten uns rechts und wandern über den Parkplatz bis vor das Eingangsportal des Schlosses Waldthausen.

Vorm Eisentor biegen wir rechts in den Wald ein, wandern an der Mauer entlang, biegen auf den breiten Waldweg nach rechts ab, und wandern parallel zur Straße. Den nächsten Weg wieder rechts, biegen wir nach dem Tor links ab und gehen an der Kleingartenanlage (rechts) vorbei über den Parkplatz zum **Grünen Haus, einem Waldkindergarten** 08 – einem Kindergarten, der Kindern die Natur näherbringt.

Der Weg geht links weiter, am Denkmal Jägerstein vorbei, hoch auf den breiten Weg. Hier halten wir uns links. Auf dem geschotterten breiten Weg, der Markierung folgend, kommen wir zum **Schloss Waldthausen** 09, einem Konferenzzentrum des Sparkassenverbandes Rheinland-Pfalz.

Wir wandern durch den Park, durch das Tor und denselben Weg wieder zurück zum **Restaurant „Am Turm"**, biegen vor dem Tor rechts in einen Pfad ab. Wir halten uns immer am Zaun, folgen dem Pfad abwärts, auf dem breiten Weg zu einer weiteren **Unterstellhütte** 10, wo Übungsvorschläge und Übungsgeräte zum Turnen einladen.

Ab hier geht es weiter über die Nordic-Walking-Markierung bis zum Ortsrand von Gonsenheim. Auf der geteerten Straße, immer geradeaus, erreichen wir unseren Endpunkt, den **Parkplatz in der Kapellenstraße in Mainz-Gonsenheim** 01.

Schloss Waldthausen

NATURERLEBNISWEG ALTRHEINSEE • 85 m

Rundtour für Kinder und Naturbegeisterte

6,2 km | 2:00 h | 5 hm | 5 hm | 831

START | Feuerwehrgerätehaus, Osthofener Straße in 67575 Eich [GPS: UTM Zone 32 x: 456.485 m y: 5.510.977 m]
CHARAKTER | Leicht begehbarer Rundweg ohne Steigungen. Wanderschuhe empfehlenswert.

Der leicht begehbare Erlebnispfad Altrheinsee in Eich ist für Kinder und Naturbegeisterte gedacht, die gerne Tiere in freier Natur beobachten. Viele Informationstafeln säumen den Pfad.

▶ Der Weg durch das Naturschutzgebiet Altrhein ist durch die Vielfalt an Natur kaum zu übertreffen und bietet auf der 6,2 km langen Strecke alles, was für eine naturverbundene Erholung nötig ist. Viele Rastplätze im Wald und direkt am See verwöhnen unsere Sinne. Die Rohrdommel ist hier noch genau so zu Hause wie Fuchs und Dachs. Hier gibt es noch ein zusammenhängendes Schilfrohrgebiet mit seltenen Binsengewächsen. Wasservögel aller Art kann man hier beobachten.
Der Erlebnisweg beginnt am Feuerwehrgerätehaus in der Osthofener Straße in Eich. Die **Beobachtungshütte** 01 nördlich

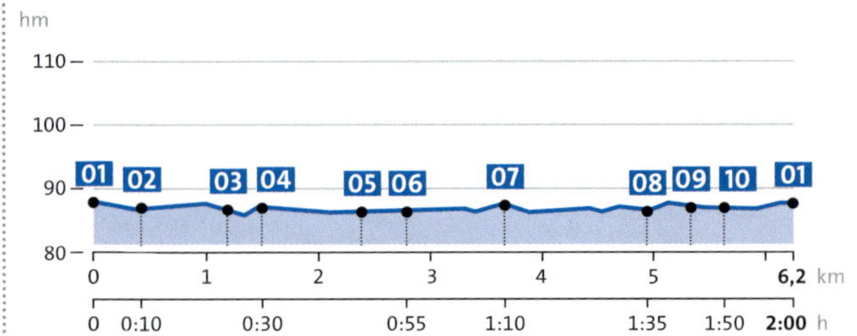

01 Parkplatz/Station 1: Beobachtungshütte, 86 m; 02 Station 2, 85 m; 03 Station 3, 84 m; 04 Station 4: Infotafel, 85 m; 05 Station 5, 85 m; 06 Station 6: Beobachtungsturm, 84 m; 07 Station 7, 85 m; 08 Station 8: Infotafel, 86 m; 09 Station 9, 85 m; 10 Station 10: Schließbauwerk Bahndamm, 85 m

Altrheinsee

des Feuerwehrgerätehauses ermöglicht den ersten Blick auf den Lebensraum Wasser und Schilfröhricht des Eich-Gimbsheimer-Altrheins.

Die ca. 300 ha große Verlandungsröhrichte zählen zu den größten zusammenhängenden Schilfbeständen Südwestdeutschlands. Viele Vögel und Amphibien des Flachgewässers können hier beobachtet werden.

Der Weg verläuft nach Süden zur Osthofener Straße und biegt nach

Beobachtungshütte

Naturschutzgebiet

der Brücke gleich wieder links ab. Nach ca. 200 m biegt der Wanderweg rechts ab und kommt zur **Station 02, dem Gänsegraben**, ein Relikt des ehemaligen ortsnahen Altrheinverlaufs.

Im weiteren Verlauf, am südlichen Ufer des Altrheinsees, streifen wir die **Station 03** und **04**, wo auf einer **Informationstafel** steht, was passiert, wenn am **südlichen Altrheinsee** der **Grundwasserspiegel** sinkt.

Wir wandern immer weiter am Ufer entlang und erreichen **Station 05** mit anschaulichen Erklärungen zum **Graben und den Röhrichten**.

Am **Beobachtungsturm an Station 06** erhalten wir einen weiten Blick auf den großen Kiessee und unausgekieste Restflächen des früheren Altrheines mit dem Schilfgebiet „Meerwasser" – ein Platz zur **Beobachtung von Vögeln**. Ca. 150 m nach dem Turm biegen wir links ab, an schönen Verweilpunkten am See entlang gelangen wir zur **Station 07 zum „Nördlichen Altrheinsee"**.

Wir folgen der Markierung über Feldwege weiter, sehen von weitem schon die **Station 08**, eine **Informationstafel zum „Badestrand Altrheinsee Eich"**.

Wir überqueren die L437, biegen links in den nächsten Fußweg ein und wandern auf dem ehemaligen Bahndamm zur **Station 09**, Informationen zur **Geschichte dieses Bahndammes.** Weiter geht es zur **Station 10**, dem **„Schließbauwerk Bahndamm" (für Hochwasser),** vor zur Osthofener Straße, in die wir rechts abbiegen.

Nach der Brücke gleich wieder rechts erreichen wir den Ausgangspunkt, den **Parkplatz am Feuerwehrgerätehaus in der Osthofener Straße in Eich 01**.

VON DEN NIBELUNGEN ZUR BERGKIRCHE • 98 m

Rheinterrassenweg – Etappe 1 (Worms – Osthofen)

14,5 km | 4:00 h | 88 hm | 92 hm | 831

START | Hauptbahnhof in 67547 Worms
[GPS: UTM Zone 32 x: 453.483 m y: 5.498.251 m]
CHARAKTER | Einfache Wanderung mit wenigen Steigungen, im Sommer wegen der Hitze nicht ratsam; Wanderschuhe empfehlenswert.

Der Rheinterrassenweg läuft in sechs Etappen von Worms nach Mainz. Die erste Etappe führt durch den Schlosspark des Schlosses Hernsheim, weiter durch die mit Kunst verschönerten Weinberge bis nach Osthofen.

▶ Start der ersten Etappe des Rheinterrassenweges ist in der Nibelungenstadt **Worms** 01 am Hauptbahnhof. Wir wandern Richtung Nordwesten (Zuweg des Rheinterrassenweges) in die Von-Steuben-Straße und folgen dieser ca. 800 m. Wir biegen nach rechts (Nordosten) in die Pfrimmanlage. Durch diese mit Bäumen gesäumte Anlage begleiten wir die Pfrimm ein kurzes Stück, überqueren die Gaustraße und biegen an der nächsten Brücke links ab, über die Pfrimm, zur Schoppstraße. Wieder nach links erreichen wir die Nikolaus-Reuss-Straße und rechts ab zur Schäferstraße. Hier

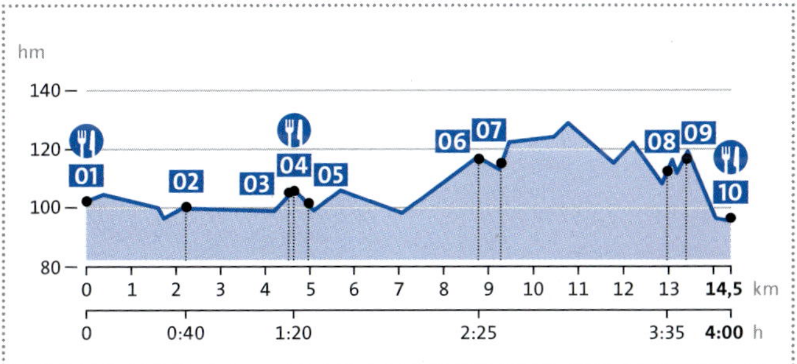

01 Worms, 100 m; 02 Denzenmühle, 98 m; 03 Peterskirche, 107 m; 04 Schloss Herrnsheim, 106 m; 05 Landschaftsgarten, 97 m; 06 Pilgerdenkmal, 118 m; 07 Klausenkapelle, 127 m; 08 Weinbergturm, 109 m; 09 Bergkirche, 115 m; 10 Osthofen, 95 m

Bergkirche

sehen wir rechter Hand die **Denzenmühle** **02**.
Hier wurde von 1869–1992 die größte Roggenmühle Süddeutschlands von den Gebrüdern Schäfer als Familienunternehmen betrieben.
Nach der nächsten Einmündung folgen wir dem Radweg eine längere Strecke durch eine Allee, überqueren drei Straßen (Slevogtstraße, Von-Steuben-Straße, Hessenweg) und biegen am Fahrweg „Am Untertor“ links nach Herrnsheim ab. Rechts über die Schillerturmstraße, Kellergasse (mit dem wunderschönen schmalen Haus) erreichen wir die Herrnsheimer Hauptstraße.
Hier lohnt sich ein kleiner Abstecher nach links zur **Peterskirche** **03**.
Die Kirche wurde erstmals 1221 erwähnt. Die doppeltürmige romanische Kirche wurde 1478 gotisch umgebaut und von Philipp von Dollberg durch die Grabkapelle erweitert. 1878 fügte man die Herz-Jesus-Kapelle hinzu.
Wir wandern weiter zum **Schloss Herrnsheim** **04**, aus dem 19. Jahrhundert, vorbei am Schlosscafé in der Orangerie, weiter zum Schlosspark, einem 10,5 Hektar großen **Landschaftsgarten** **05** im

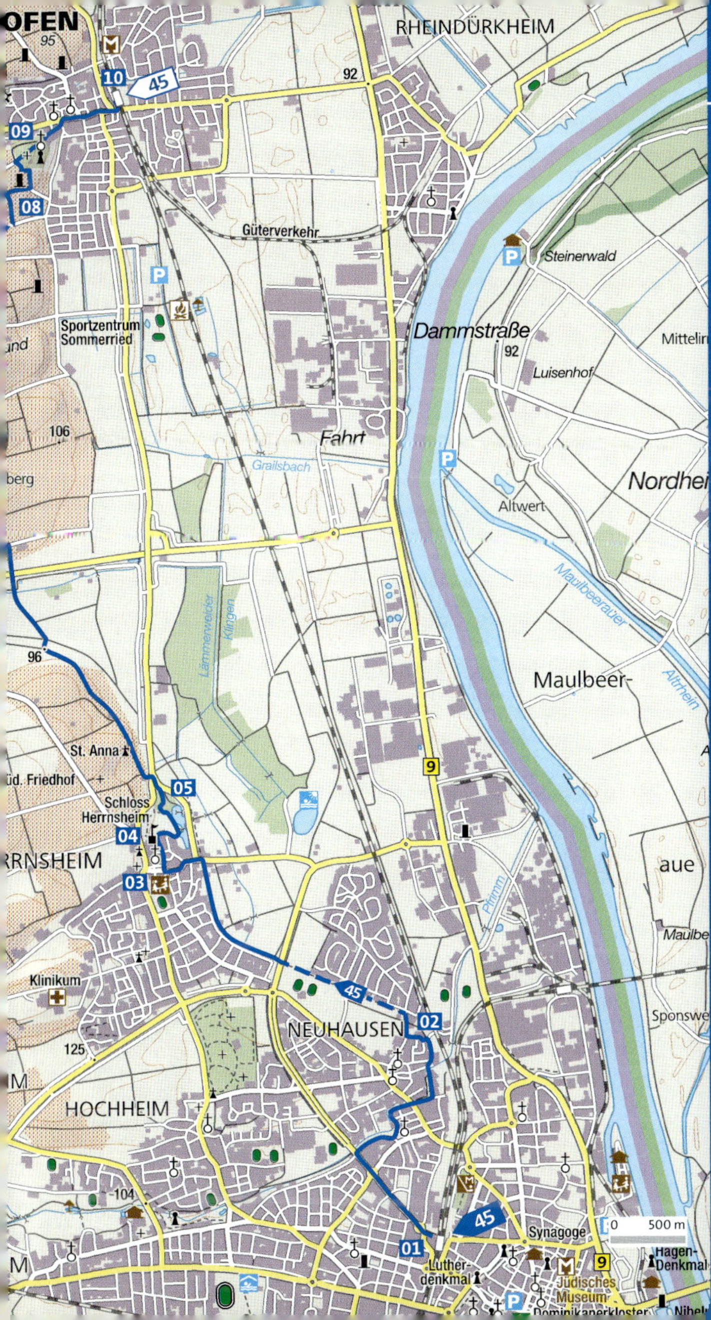
OFEN
95
10
45
09
08
RHEINDÜRKHEIM
92
Güterverkehr
Steinerwald
Sportzentrum
Sommerried
Dammstraße
92
Mittelin
Luisenhof
106
berg
Fahrt
Grailsbach
Nordhei
Altwert
Lämmerweider
Klingen
Maulbeerauer
96
Maulbeer-
Altrhein
9
St. Anna
Jüd. Friedhof
Schloss
Herrnsheim
05
04
RRNSHEIM
03
aue
Pfrimm
Maulbe
Klinikum
45
02
NEUHAUSEN
Sponswe
125
HOCHHEIM
104
45
01
Synagoge
0
500 m
Luther-
denkmal
Hagen-
Denkmal
9
Jüdisches
Museum
Dominikanerkloster
Nibel

Herrnsheimer Schloss

englischen Stil mit einer wunderschönen Anlage mit verschiedenen Landschaftsweihern und einer Blütenpracht im Frühjahr.

Im Norden verlassen wir den Park, überqueren die Emmrich-Joseph-Straße und folgen dem Weg durch die Weinberge, vorbei an der St.-Anna-Kapelle, die links oben auf der Anhöhe steht.

Nun sehen wir schon von Weitem mehrere Kunstobjekte in den Weinbergen. Der Weg führt am **Pilgerdenkmal** 06 vorbei, durch ein Rebenmeer, bevor wir im Wingert nach rechts (Osten) abbiegen und die Skulptur Winzer bestaunen können. Hier besteht die Möglichkeit ca. 300 m nach Westen zu gehen, um die Skulptur „Wonnefrau" und die Aussicht an der Bank nach Abenheim und zur **Klausenkapelle** 07 zu genießen.

Unser Weg geht weiter nach Osten, am Winzer vorbei bis zur Skulptur „Turm der Stare". Herrliche Aussichten auf unserem Weg führen uns durch die Wingerte Richtung Norden, bis wir kurz vor Osthofen an einen **Weinbergturm** 08 ankommen, bei dem im unteren Bereich eine Unterstellmöglichkeit besteht.

Wir umrunden den Friedhof in Osthofen, eine der ältesten Weinbau betreibenden Gemeinden, die schon 784 im Lorscher Codex erwähnt wurde.

Das Wahrzeichen der Stadt ist aber die **Bergkirche** 09 (Friedhofsgelände), die auf dem Goldberg thront.

Die Kirche selbst geht auf eine fränkisch-merowingische Remigius-Kapelle zurück. Die im Kern romanische Kirche wird heute evangelisch genutzt. Ein Besuch lohnt sich (leider nicht immer offen!).

Zum Abschluss unserer Etappe wandern wir bergab über die Straße Kirchberg, Am Schneller, Friedrich-Ebert-Straße, Bahnhofstraße zum **Bahnhof nach Osthofen** 10, wo die Wanderung endet.

WEINBERGHÄUSCHEN UND FISCHMARKT • 93 m

Rheinterrassenweg – Etappe 2 (Osthofen – Mettenheim)

9,6 km | 3:00 h | 119 hm | 123 hm | 831

START | Bahnhof in 67574 Osthofen
[GPS: UTM Zone 32 x: 451.365 m y: 5.506.085 m]
CHARAKTER | Wanderung mit leichten An- und Abstiegen. Wanderschuhe empfehlenswert.

Eine Wanderung durch reizvolle und schöne Weinbaugemeinden in der Region, mit leichten An- und Abstiegen.

▶ Vom **Bahnhof in Osthofen** 01 wandern wir in südliche Richtung, die Bahnhofstraße entlang, biegen rechts in die Friedrich-Ebert-Straße (Richtung Westhofen), immer dem Zuweg Rheinterrassenweg (gelb) folgend. Rechts durch das Tempelgässchen, bis zum Bach und biegen links in die Straße „Althach" ein. Wir queren eine Brücke, biegen rechts in die Walter-Rathenau-Straße ein und wandern links ab, die Bechtheimer Hohl hoch. Bevor wir links in den Wiesenpfad abbiegen sehen wir oben im Weinberg ein **Weinberghäuschen** 02 **in Burgform**, das 2011 als schönstes Weinberghäuschen in Rheinhessen ausgezeichnet wurde. Den Wiesenpfad wandern wir nun weiter bis zum **Weingut „Chapeau Dalberg"** 03. Ab hier folgen wir der Markierung

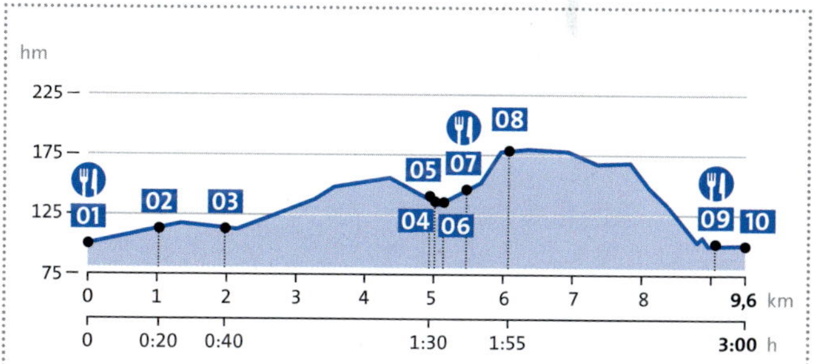

01 Bahnhof Osthofen, 95 m; 02 Weinberghäuschen, 110 m; 03 Chapeau Dalberg, 101 m; 04 Kelterstein, 127 m; 05 Fischmarkt, 126 m; 06 Kuhbrunnen, 126 m; 07 Romanische Basilika St. Lambertus, 133 m; 08 Weinlehrpfad, 175 m; 09 Mettenheim, 90 m; 10 Bahnhof Mettenheim, 89 m

Aussichtspunkt

nach rechts. Der Weg führt nun durch Weinberge, an einem Rastplatz vorbei, mit Blick auf die Kirche von Bechtheim und immer direkt auf den Ort zu. Wir gehen nun die Kuhpfotenstraße in Bechtheim bergab, unterqueren eine Brücke und erreichen den **Kelterstein** 04, der nach dem Brand im gegenüberstehendem Herrenhaus des Freiherrn von der Leyen-Uexküll gefunden wurde. Die nächste

Romanische Basilika St. Lambertus

Station ist der **Fischmarkt** 05. Das Wiegehäuschen erinnert, dass hier die Traubenfuhrwerke und die „Wutz" gewogen wurden.
Am **Kuhbrunnen** 06 und dem Haus Sieglinde (Alten- und Pflegeheim) vorbei, über die Riederbachstraße und Aegidiusstraße geht es hoch zur 1000 Jahre alten **Romanischen Basilika St. Lambertus** 07, ein „Kleinod des Wonnegaus". Ursprünglich gehört sie dem Bischof zu Lüttich. Er verlieh den Chorherren zu Lüttich das Recht, die Pfarrei in Bechtheim zu besetzen. So kamen bis in die Zeit nach der Reformation die Pfarrer von Lüttich nach Bechtheim. Die Größe der Kirche lässt darauf schließen, dass sie auch als Wallfahrtskirche diente. Am Marktplatz sehen wir nun einen großen Obelisken mit einer

Weinberghaus

Höhe von 4,842 Metern, das entspricht der Länge einer „Landesfreirute" im ehemaligen Leiniger Flecken Bechtheim, das Bechtheimer Maß von 1817 (16 Schuh oder 192 Zoll).
Wir wandern weiter mit der Markierung die Straße „Steig bei der Warte" bergan, streifen Informationstafeln zur landwirtschaftlichen Arbeit, wie z. B. Rigolen, Grubber usw. und erreichen den **Weinlehrpfad** 08, den wir ein Stück begleiten. Reges Treiben sieht man über das ganze Jahr in den Weinbergen, guter Wein macht sehr viel Arbeit und hervorragenden Wein gibt es in dieser, von der Sonne verwöhnten Gegend, mit hoher Qualität.
Über die Höhen, an schönen Verweilpunkten vorbei, gelangen wir nach **Mettenheim** 09, einem Weinbauort mit herrlichen Fachwerkhäusern und einem wunderschönen Dorfplatz. Mettenheim blieb bis Ende des 18. Jh. im Besitz der Grafen von Wartenberg und gehörte ab 1835 zum neu errichteten Kreis Worms.
Die Wanderung endet am **Bahnhof** in **Mettenheim** 10.

HOHLWEGE, HEIDENTUMKIRCHEN UND WEINAROMAMEILE • 89 m

Rheinterrassenweg – Etappe 3 (Mettenheim – Guntersblum)

10,7 km | 3:30 h | 163 hm | 162 hm | 831

START | Bahnhof in 67582 Mettenheim
[GPS: UTM Zone 32 x: 452.005 m y: 5.509.881 m]
CHARAKTER | Wanderung mit leichten Auf- und Abstiegen. Wanderschuhe empfehlenswert.

Heidentumkirchen, herrliche Hohlwege und ein interessanter Weinlehrpfad „WeinAromaMeile" begleiten uns auf dieser Etappe des Rheinterrassenweges.

Wir starten unsere Wanderung am **Bahnhof in Mettenheim** 01. Der Weg führt – „Markierung Zuweg Rheinterrassenweg" – über die Bahnhofstraße nach Westen, die Hauptstraße nach links und die Röhrbrunnenstraße nach Nordwesten bis auf den Hauptweg des Rheinterrassenweges.
An einem **Weinberghäuschen** 02 mit fantastischer Sicht über Mettenheim wandern wir durch einen Hohlweg hoch zum Odenwaldblick.
Am Sendemast (Vorsicht Markierung!) biegen wir links ab und

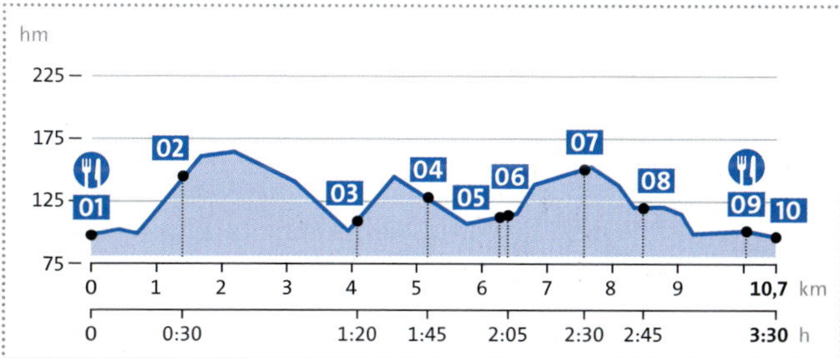

01 Bahnhof Mettenheim, 89 m; 02 Weinberghäuschen, 133 m; 03 Brunnenanlage, 94 m; 04 Zuweg Heidenturmkirche, 126 m; 05 WeinAromaMeile, 114 m; 06 Kelter, 113 m; 07 Kirchenruine St. Maria Magdalena, 122 m; 08 Leckbachheisje, 137 m; 09 Guntersblum, 88 m; 10 Bahnhof Guntersblum, 88 m

Kirchenruine St. Maria Magdalena

gehen über breite Wege, einen Hohlweg abwärts über die Brücke zu einer **Brunnenanlage mit Rastplatz** 03.

Wir biegen links ab, der Markierung folgend, den geteerten Weg hoch, rechts ab und gelangen nach einer Weile zu einer wunderschönen Aussicht über Alsheim.

Bekannt ist Alsheim durch das „Hohlweg Paradies" und dem Alsheimer Weinlehrpfad „WeinAromaMeile".

Ein kleines Stück weiter weist das Hinweisschild auf die **Heidentumkirche in Alsheim** 04 hin (ca. 0,5 km), die **evangelische Kirche St. Bonifatius**, eine von vier Heidentumkirchen in Rheinhessen. Die orientalisch anmutenden Türme der Kirchen haben ihren Ursprung in der Zeit der Kreuzzüge. Im Volksmund heißen sie Sarazenertürme oder Heidentürme.

Auf der Höhe weiter biegen wir nun links in die Mehlpfortenstraße in Alsheim ab, links ab in den Wahlheimer Weg und wandern ortsauswärts zu einer weiteren schönen Aussicht.

Die vorher schon erwähnte **„Wein AromaMeile"** 05 begleitet und erklärt uns auf lustige und interessante Weise sehr lehrreich alles über die Aromastoffe im Wein. Wellnessbänke, eine **Kelter** 06 und Rastplätze stehen am Weg.

Im malerischen Weiler Hangen-Wahlheim, den wir nun auf unserem Weg erreichen, lohnt sich ein kleiner Abstecher zur **Kirchenruine St. Maria Magdalena** 07.

Die romantisch liegende Kirchenruine zeigt Reste eines spätgotisch überformten Saalbaus aus dem 13. Jahrhundert und auf dem Kirchhof Grabkreuze. Die Pfarrkirche wurde 1496 erwähnt. Nach den Häusern folgen wir weiter der Markierung, links hoch, den geteerten Weg weiter bis zu einer kleinen Steinmauer, an der wir rechts abbiegen. Wir folgen dem geteerten Weg und kommen zum **Leckbachheisje** 08, einem **Weinberghäuschen** mit einer fantastischen Aussicht über Rheinhessen und einem Rastplatz, auf dem man die Landschaft genießen sollte.

Unser weiterer Weg, der über die Höhen verläuft, biegt nun rechts ab nach **Guntersblum** 09. Die Straße Weiberdeich abwärts, links in die Götzenstraße, rechts in die Schlossstraße und rechts in die Straße Promenade. Der Name der Straße sagt schon alles, herrliche Häuser und ein **schön gestalteter**

Dorfplatz zieren unseren Weg. Weiterhin lohnt sich ein Besuch in der Heidentumkirche, der ehemaligen St. Viktorskirche und heutigen evangelischen Kirche mit ihren beiden Sarazenertürmen. Über die Alsheimer Straße und die Mühlstraße in Guntersblum gelangen wir durch einen Tunnel zum **Bahnhof in Guntersblum 10**.

ZU EINER DER BEDEUTENDSTEN GOTISCHEN KIRCHEN DER REGION – DIE KATHARINENKIRCHE IN OPPENHEIM • 88 m

Rheinterrassenweg – Etappe 4 (Guntersblum – Oppenheim)

10,7 km | 3:30 h | 161 hm | 161 hm | 831

START | Bahnhof in 67583 Guntersblum
[GPS: UTM Zone 32 x: 453.344 m y: 5.515.665 m]
CHARAKTER | Wanderung mit moderaten Auf- und Abstiegen. Wanderschuhe empfehlenswert.

Die Wanderung besticht durch die herrlichen Aussichten, führt an Brunnenanlagen vorbei und endet in der wunderschönen Altstadt von Oppenheim mit der imposanten Katharinenkirche.

Start der Wanderung ist der **Bahnhof in Guntersblum 01**. Wir gehen durch die Unterführung nach Westen, halten uns rechts (Norden) zum Parkplatz und biegen nun nach Westen in die Mühlstraße ein, der wir bis zur Alsheimer Straße folgen. Am wunderschön gestalteten Dorfplatz an der Straße „Promenade" links ab und dann wieder links den Zuweg

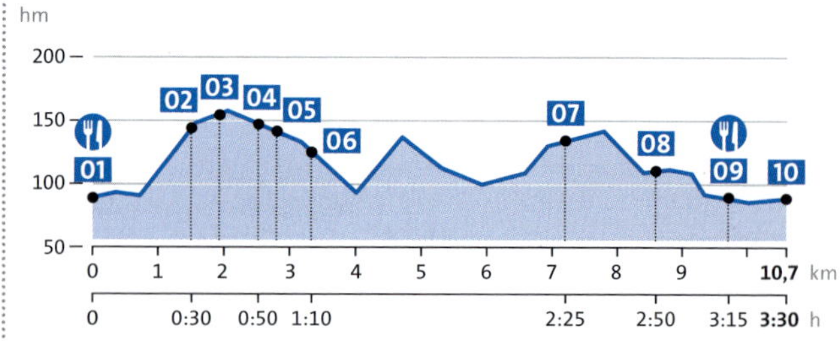

01 Bahnhof Guntersblum, 88 m; 02 Kelter, 117 m; 03 Winzerarbeit, 124 m; 04 Steinbrücke, 111 m; 05 Römerturm, 142 m; 06 Vögelsgärtenbrunnen, 115 m; 07 Weinberghäuschen, 149 m; 08 Krötenbrunnen, 173 m; 09 Oppenheim, 117 m; 10 Bahnhof Oppenheim, 87 m

Rheinterrassenweg in die Schlossstraße weitergehen.
Wir biegen links ab, gleich wieder rechts und wandern bergaufwärts den geteerten Weg zur **Kelter** 02. Der Wanderweg zieht sich nun am Hang entlang, links Weinberge, rechts Büsche, bis zu einer freien Stelle mit herrlicher Sicht auf den Start der Wanderung, die Ortschaft Guntersblum.
An einer Informationstafel auf unserem weiteren Weg wird auf eindrucksvolle Weise die **Arbeit der Winzer** 03 dargestellt. Den nächsten Weg biegen wir links ab und gleich wieder rechts, an der Tafel mit den Daten von Guntersblum vorbei, nach Norden zur L437, der wir nach rechts 150 m bergab folgen. Der Weg biegt links ab, über eine alte **Steinbrücke** 04, hoch durch eine Allee, in die Weinberge. Durch einen Hohlweg, an einer Weinbergmauer vorbei, erreichen wir den **Römerturm** 05, einen Aussichtsturm. Geradeaus

Vögelsgärtenbrunnen

geht es weiter durch die Weinberge. **Nun bitte die Markierung beachten**, der Weg biegt rechts ab zwischen den Pollern durch, zur Rastanlage **„Vögelsgärtenbrunnen“** 06.

Aussichtspunkt

Dieser Brunnen muss sehr bedeutend gewesen sein, da er mit zwei hintereinander liegenden Gewölben, einem Sandsteintrog und einem Sandsteingerinne ausstaffiert wurde.
Wir folgen weiter dem Wiesenweg am Hang, einen herrlichen Weg entlang, am Zuweg der Ortschaft Ludwigshöhe vorbei, zur K41. Wir überqueren die Straße, von weitem schon die Silhouette von Oppenheim sehend, und wandern weiter durch die Weinberge zu einem **Weinberghäuschen** 07 mit einer fantastischen Aussicht nach Dienheim – zu sehen durch einen „Bilderrahmen“. Am Hang entlang, an einer großen Rastanlage vorbei, kommen wir zu einem weiteren Rastplatz, dem **Krötenbrunnen** 08, der von einem Steinmetz schön ausgeschmückt wurde.
Ab der Brunnenanlage geht es stetig abwärts am Friedhof vorbei zum Amtsgerichtsplatz in der Stadt **Oppenheim** 09. Durch das Gautor wandern wir die Krämerstraße abwärts zum **Marktplatz**. Hier lohnt sich der Abstecher zur Katharinenkirche, die Straße „Am Markt“ hoch. Diese evangelische Kirche gilt als eine der bedeutendsten gotischen Kirchen am Rhein zwischen Straßburg und Köln. An wunderschönen Fachwerkhäusern verläuft der Schluss der Wanderung links in die Mainzer Straße und Bahnhofstraße abwärts zum Endpunkt, dem **Bahnhof in Oppenheim** 10.

Katharinenkirche

Rhein
NSG
Hafen
10
48
Gemarkrech
Ruine Landskrone
Kalk
154
Im Ried
OPPENHEIM
09
205
Deutsches Weinbaumus.
Krötenbrunnen
08
NSG
Kalkstein
Farrenberg
208
Dammhaus
85
Am Katzenrech
Am hohen Brückenweg
Landeplatz Oppenheim
Falkenberg
Dienheim
07
NSG
Große Viehweide
181
Salbrunnen
Siliusbrunnen
Hof mitten im Feld
Auf den Bellen
NSG
Ludwigshöhe
Dammhaus
Mausmeer
Steinberg
176
Sonnenberghohl
142
06
95
Vogelsgärten
Kanal
Bootsha
ehem. Guntersblumer
Bechtheimer
Mörschäcker
05
Algersweg
04
03
Kachelberg
Guntersblum
87
Kisselk
02
01
197
0 500 m
Sandgewann

KAPELLEN, KIRCHEN UND DER RHEIN • 87 m

Rheinterrassenweg – Etappe 5 (Oppenheim – Bodenheim)

19 km | 5:30 h | 319 hm | 321 hm | 831

START | Bahnhof in 55276 Oppenheim
[GPS: UTM Zone 32 x: 453.841 m y: 5.522.972 m]
CHARAKTER | Wanderung mit moderaten Auf- und Abstiegen. Wanderschuhe empfehlenswert.

Wunderschöne Kapellen und Kirchen und viele fantastische Aussichten auf den Rhein liegen auf dieser Etappe des Rheinterrassenweges.

▶ Startpunkt der Wanderung ist der **Bahnhof in Oppenheim** 01.
Wir wandern in südliche Richtung die Bahnhofstraße entlang und dann die Mainzer Straße hoch. Hinter einem schönen Brunnen, der mit Kröten verziert ist, biegen wir rechts ab, die Krämerstraße hoch zum **Markt von Oppenheim** 02, der mit schönen Fachwerkhäusern bestückt ist. Am Gautor geht es links, der Zuwegung Rheinterrassenweg folgend, über den Amtsgerichtsplatz hoch, am Friedhof vorbei zum Wegweiser.
Wir folgen dem Hauptweg nach Bodenheim. Nach Überquerung der K44, an einem Rastplatz und einem bemalten Container vorbei,

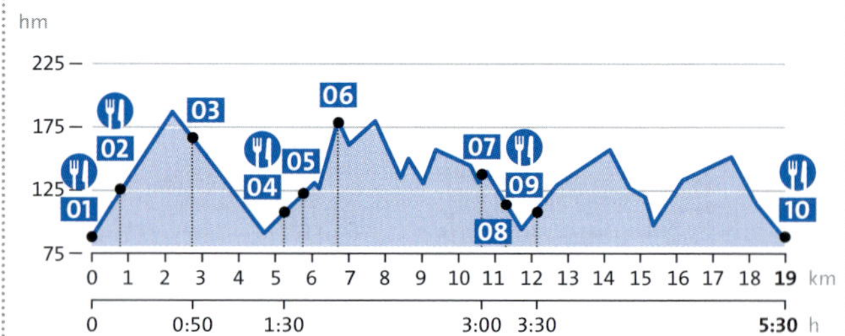

01 Bahnhof Oppenheim, 87 m; 02 Markt Oppenheim, 115 m; 03 Rheinblick, 180 m; 04 Marktplatz Nierstein, 95 m; 05 Kilianskirche, 112 m; 06 Fockenberghütte, 177 m; 07 Ehrenkreuz, 147 m; 08 Bergkapelle, 111 m; 09 Kirche St. Gereon, 112 m; 10 Bahnhof Bodenheim, 86 m

geht es hoch in die Weinberge. Der Weg biegt rechts ab, **hier fehlt das Markierungszeichen**. Nun kommen wir zum ersten **Aussichtspunkt**, der Sicht zum Namensgeber der Tour, dem **Rhein** 03. Wir halten uns rechts und wandern immer bergabwärts, am Weingut Raddeck, einem beeindruckenden Gelände vorbei, die Hummelstraße nach Nierstein. Wir kreuzen die Straße „Am Hummeltal", folgen dem kleinen Pfad durch die Grünanlage bis zur Wörrstadter Straße, in die wir rechts einbiegen. Links in die Corneliusstraße überqueren wir die Mozartstraße und stoßen über dem Fußweg gerade auf die Ringstraße (Vorsicht keine Markierung!). Am Spielplatz biegen wir links in die Bildstockstraße ein und folgen dieser immer geradeaus, am Rathaus und am Sportgelände vorbei, durch die Schmiedgasse zu einer schönen Brunnenanlage.

Unseren Weg zum Marktplatz säumt noch die evangelische Martinskirche, bevor wir den **Marktplatz von Nierstein** 04 erreichen. Hier besteht die Möglichkeit zur Einkehr. Durch die Karolingerstraße folgen wir weiter der Markierung, über die Straße „An der Bergkirche" und stehen nun vor der **katholischen Kilianskirche** 05 mit Rheinblick.

Schon zur Römerzeit, vielleicht schon bei den Germanen, war der Kiliansberg eine Kultstätte. 742 wird in einer Schenkungsurkunde des Karlmann eine Marienbasilika genannt. Durch die Weinberge, gekrönt mit fantastischen Aussichten und an einer Kelter vorbei, erreichen wir die **Fockenberghütte** 06 mit Blick zum Rhein.

Wir umwandern nun einen Taleinschnitt und werden durch einen weiteren Aussichtspunkt

Bodenheim

von der Rieslinghütte belohnt. An Weinbergmauern und Steilhänge entlang gelangen wir zum **Ehrenkreuz** 07, einem Ehrenmal hoch thronend über dem Rhein. Wir wandern weiter nach der Markierung zum Denkmal „Flurbereinigung" bis zum Feldkreuz, an dem wir rechts zur **Bergkapelle** 08 abbiegen am Ortseingang von Nackenheim. Wenn wir die Adam-Winkler-Straße abwärts wandern, erblicken wir rechts im Garten eines Privathauses geschmiedete, übergroße Figuren aus der Märchenwelt. Wir überqueren nun die Lörzweilerstraße, gehen den Eselspfad hoch zur **katholischen Kirche St. Gereon** 09 (sehenswert), an der Gedenkstätte und am Umsetzer vorbei, über den Parkplatz geradeaus weiter (rechts Friedhof).

NSG
Großer
Mehlsee
Wiesbach
Langenau
Altrhein
85
Jakobsberg
139
10
Bodenheim
49
122
Mühlgraben
Sändchens-
insel
Hägel
Spatzenbach
Spatzenmühle
An der Ziegelei
Nackenheim
NSG
09
fsheim
Weg
Kreuzweg
Marienhof
Mommenheimer
08
Hohberg
163
Bischheimer Weg
NSG
Kisselwö
Am Teuerborn
Hohenberg
183
Kahlenberg
Haus
Kisselwör
07
172
Lörzweiler
Eichelsbach
Hängstäcker Weg
Ludwigsaue
Rolländer Berg
188
Königsstuhl
175
Fockenberg
Diebsweg
Großer
Gold-
grund
06
Holzgewann
161
eim
195
Gransberg
05
04
Paläontolog.
Museum
Hohes Kreuz
Nierstein
Silberkaute
165
9

Kisselwörth
In den Wiesen
Am Teuerborn
Kahlenberg
Haus Kisselwörth
07
Kleiner Rhein
172
Hängstacker Weg
Kiesgruben
Seemann
Ludwigsau
Ludwigsaue
84
Hessenaue
olländer Berg
188
49
Großer Gold- grund
NSG
Wehlerthof
Sonnenhof
Fockenberg
Diehsweg
06
Nachtweide
Unterer Kornsand
195
Gransberg
05
Mittelsütters
Wochenend- häuser
04
Paläontolog. Museum
86
Aue
ierstein
NSG
Wiesenhof
Kornsand
Rheinblick
Galgenberg
RHEIN
chmühle
154
Im Ried
Kalk
NSG
01
49
03
Gemarkrech
Ruine Landskrone
20
OPPENHEIM
205
02
Deutsches Weinbaumus.
NSG
85
Dammhaus
Kalkstein
NSG
Farrenberg
208
Am Katzenrech
Am hohen Brückenweg
Landeplatz Oppenheim
Falkenberg
Dienheim
0 500 m
NSG
Große Viehweide
181

St. Gereon

Wir folgen weiter der Markierung, überqueren die Gaustraße (L413) und wandern weiter bis zum Wegweiser, Zuweg Bodenheim, der uns in den gleichnamigen Ort bringt. Wir wandern über die Straßen Plattenhohl, Am Reichsritterstift, Schönbornplatz, am Rathaus vorbei durch die Mainzer Straße und Wormser Straße zum Endpunkt, dem **Bahnhof in Bodenheim 10**.

Rheinblick

ZUR LANDESHAUPTSTADT MAINZ • 85 m

Rheinterrassenweg – Etappe 6 (Bodenheim – Mainz)

12,5 km | 4:00 h | 141 hm | 129 hm | 831

START | Bahnhof in 55294 Bodenheim [GPS: UTM Zone 32 x: 450.552 m y: 5.531.093 m]
CHARAKTER | Eine Wanderung mit moderaten Auf- und Abstiegen. Wanderschuhe empfehlenswert.

Die Wanderung führt größtenteils am Rhein entlang und zeigt die Schönheiten der Landeshauptstadt Mainz.

▶ Vom **Bahnhof in Bodenheim** 01 wandern wir in nordwestliche Richtung, biegen in die Mainzer Straße und gehen weiter in die Jahnstraße. Im Ort besteht die Möglichkeit zur **Einkehr** 02. An wunderschönen Fachwerkhäusern vorbei wandern wir durch die Rathausstraße, rechts ab in die Straße „Mainzer Pfort-Straße“ zum Schönbornplatz. Dieser Straße folgen wir nach Westen über den Zuweg Rheinterrassenweg, der Straße „Am Reichsritterstift“ und „Plattenhohl“ hoch zum Hauptweg.
Wir biegen am Wegweiser ab nach Norden, Richtung Mainz. Mit herrlichen Aussichten ins Rhein-

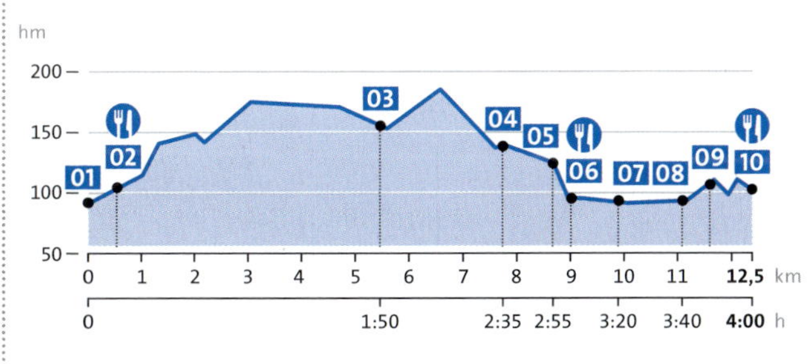

01 Bahnhof Bodenheim, 86 m; 02 Einkehr, 93 m; 03 Laubenheimer Höhe, 151 m; 04 Steinbruchgelände, 130 m; 05 Geopark Weisenau, 94 m; 06 Lokal Rhoischnook, 86 m; 07 Rhein, 86 m; 08 Südbrücke, 88 m; 09 Stadtpark Mainz, 95 m; 10 Bahnhof/Römisches Theater Mainz, 98 m

Stadtpark

tal und über Mainz-Laubenheim, führt unser Weg immer geradeaus zur **Laubenheimer Höhe** 03. Wir überqueren die K13 und folgen dem Fahrradweg nach Südwesten, immer am Zaun entlang, biegen rechts ab, weiter am Zaun entlang nach Norden bis zur Ortschaft **Mainz-Hechtsheim**, zur Straße „An der Hechtsheimer Höhe". Wir gehen die Straße abwärts, über die Autobahnbrücke der A60, am Ortsrand von Mainz-Weisenau entlang, mit Blick zum **Steinbruchgelände** 04, immer weiter abwärts, Richtung Rhein.

Kurz vor dem Rhein besteht noch die Möglichkeit zum Besuch des **Geoparks Weisenau** 05, der in Zusammenarbeit mit dem Steinbruchbetreiber erstellt wurde.

Über den Fahrradweg und eine Brücke erreichen wir die Promenade am Rhein. Am **Lokal „Rhoischnook"** 06 (Einkehrmöglichkeit!) vorbei wechselt der Weg immer wieder direkt zum Rhein und abschnittsweise wieder zurück auf den Fahrradweg. Kerzengerade, immer wieder Blick zum **Rhein** 07, und immer Richtung Norden, führt unser Weg bis zur großen, gut sichtbaren Eisenbahnbrücke (Südbrücke), auf die wir bald stoßen. Wir biegen scharf links ab, gehen den Fahrradweg hoch zur **Südbrücke** 08 und wandern weiter, parallel zur Bahnstrecke. Nun halten wir uns links, steigen die Treppen hoch, überqueren eine weitere Bahnstrecke und gelangen zum **Mainzer Stadtpark** 09 – einer der zwei Landschaftsparks in Mainz. Eine Tieranlage mit Vogelhaus und Außenvolieren im Stadtpark kreuzen unseren Weg. Wir durchwandern den Park und stoßen auf die Salvatorstraße, die wir nach Osten weitergehen. An der Bushaltestelle biegen wir rechts ab und folgen dem Treppenweg abwärts zum **Bahnhof „Römisches Theater"** 10, dem Endpunkt des Rheinterrassenweges in Mainz.

Das Römische Theater wurde 1914–1916 beim Bau der Wege zur Zitadelle in Mainz entdeckt und zählt, mit 116 Meter Breite, zum größten Theater nördlich der Alpen. Die Bühne maß 42 Meter.

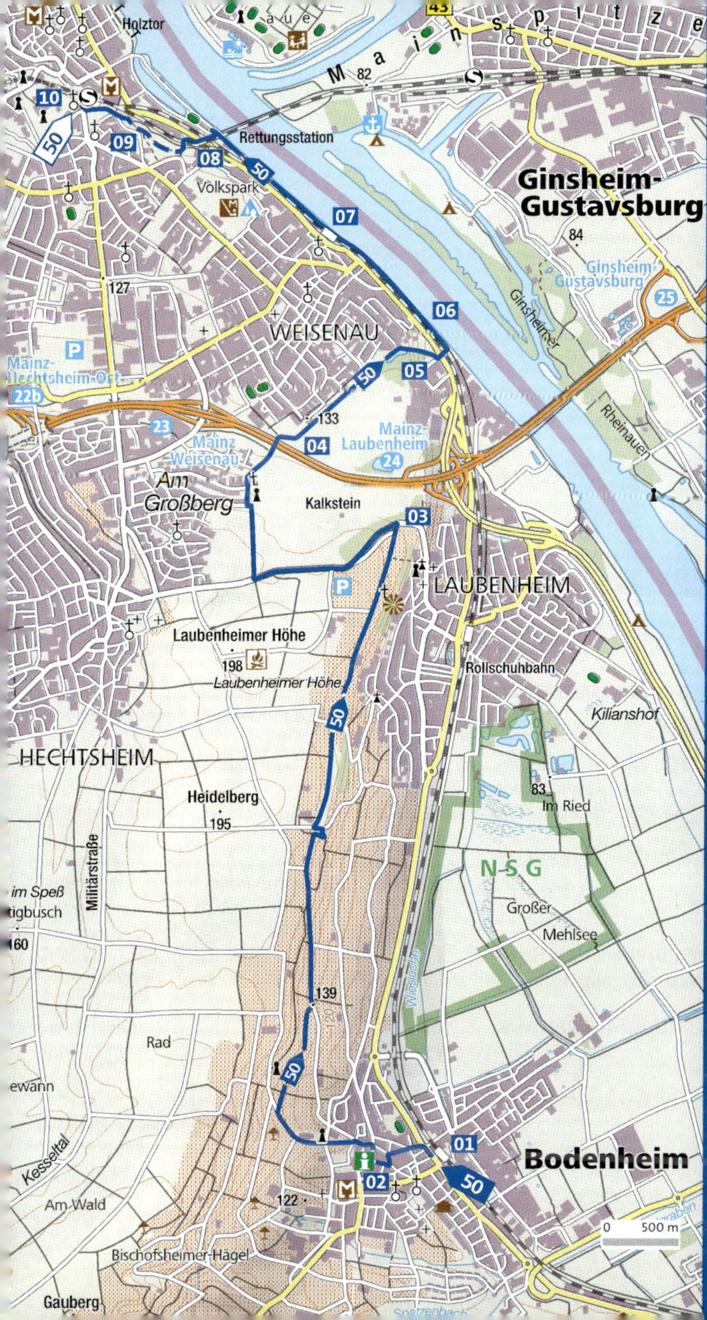

Holztor
Mainspitze
Rettungsstation
Volkspark
Ginsheim-Gustavsburg
84
Ginsheim-Gustavsburg
Ginsheimer
127
WEISENAU
Mainz-Hechtsheim-Ort
22b
23
133
Mainz-Weisenau
Mainz-Laubenheim
24
25
Rheinauen
Am Großberg
Kalkstein
LAUBENHEIM
Laubenheimer Höhe
198
Laubenheimer Höhe
Rollschuhbahn
Kilianshof
HECHTSHEIM
Heidelberg
195
83
Im Ried
NSG
Großer Mehlsee
im Speß
Militärstraße
160
139
Wiesbach
Rad
Kesseltal
Am Wald
122
Bodenheim
Bischofsheimer Hägel
Gauberg
0 500 m
01
02
03
04
05
06
07
08
09
10
50

Mehlinger Heide

Burgruine Lichtenberg bei Thallichtenberg
Die Burg Lichtenberg ist die Ruine einer Spornburg bei Thallichtenberg im Landkreis Kusel in Rheinland-Pfalz.
Die Burg ist mit 425 m Länge die längste Burgruine Deutschlands.
Burgstraße 12
66871 Thallichtenberg, kein Eintritt
Ganzjährig geöffnet!

Burg Neu Baumburg bei Neu-Bamberg
Die Burg Neu Baumburg, auch Neubamberg genannt, ist die Ruine einer Höhenburg oberhalb der Gemeinde Neu-Bamberg. Sie wurde um 1253 von den Raugrafen erbaut, 1253 als „Novum castrum apud Sarlesheim" erwähnt und war ab 1283 im Besitz des Raugrafen Heinrich II. von Neuenbaumburg.
55546 Neu-Bamberg
Ganzjährig zu besichtigen!

Burg Rheingrafenstein bei Bad Münster
Legendär ist ihre Entstehung: Der Teufel soll die Burg auf dem steilen, 245 m hohen Porphyrfelsen erbaut haben. Sicher ist, dass sie wohl aus dem 11. Jahrhundert stammt und Stammburg der Herren vom Stein war, den späteren Wild- und Rheingrafen.
55583 Bad Münster am Stein-Ebernburg, kein Eintritt
Ganzjährig geöffnet!

Draisinen-Fahrt
Was macht man mit einer Bahnstrecke von 40 Kilometern Länge, die keiner mehr braucht? Ganz einfach: Weiter benutzen, nur mit anderen Fahrzeugen. Zwischen Altenglan und Staudernheim bietet sich die Gelegenheit.
Die eingleisige Draisinenstrecke selbst glänzt zuallererst mit landschaftlichen Reizen.
www.draisinentour.de

Eiswoog bei Ramsen
Der Eiswoog ist ein etwa sechs Hektar großer Stausee. Der Eisbach, einer der Zuflüsse, wird regional auch Eis genannt. Er erstreckt sich in der quellnahen Talaue des Baches von Süd nach Nord in einem Teilgebiet des nördlichen Pfälzerwaldes, dem Stumpfwald.
Eiswoog, 67305 Ramsen,
kein Eintritt
Ganzjährig geöffnet!

Eistalviadukt (Eiswoogbrücke) bei Ramsen
Der Eistalviadukt, mitunter auch Eiswoogbrücke genannt, ist eine Eisenbahnbrücke am Eiswoog, einem kleinen Stausee bei Ramsen. Die Brücke führte von 1932 bis 1988 die eingleisige Eistalbahn über den Eisbach.
Eiswoog, 67305 Ramsen. Brücke nicht begehbar – von unten zu besichtigen!

Elendsklamm bei Bruchmühlbach-Miesau
Eine Felsschlucht zwischen Bruchmühlbach und Martinshöhe mit dem Namen „Elendsklamm" verzaubert seit Jahrhunderten jene, die eine Wanderung durch die einzigartige Landschaft unternehmen.
66892 Bruchmühlbach-Miesau
Ganzjährig geöffnet!

Herzerberg bei Pfeffelbach
Auf dem 585 Meter hohen „Herzerberg" befindet sich ein Startplatz für

Drachenflieger. Dieser Platz stellt einen sehr lohnenswerten Aussichtspunkt dar und bietet eine beeindruckende Aussicht in das Kuseler Land, zur Burg Lichtenberg und auf die „Sickinger Höhe“ sowie weit hinein in das angrenzende Saarland.
66871 Pfeffelbach
Ganzjährig begehbar!

Geopark Weisenauer Steinbruch Mainz
2009 hatte der Ortsbeirat Weisenau die Anlage eines geologischen Lehrpfads im Steinbruch Weisenau beantragt.
Das Grün- und Umweltamt der Stadt Mainz wurde daraufhin beauftragt, diesen in Zusammenarbeit mit dem Naturhistorischen Museum und dem Landesamt für Geologie und Bergbau Rheinland-Pfalz zu entwickeln und umzusetzen.
Die HeidelbergCement AG, die Firma Meinhardt Städtereinigung GmbH & Co. KG sowie der Entsorgungsbetrieb der Stadt Mainz unterstützten die Erstellung der Tafeln.
55130 Mainz-Weisenau
Ganzjährig begehbar!

Heide bei Siefersheim
Heidetraum mitten in Rheinhessen! Zwischen kultivierten Weinbergen und urwüchsigen, unter Schutz stehenden Flächen.
55546 Siefersheim
Ganzjährig begehbar!

Herrnsheimer Schlosspark
Unter dem Schlossherrn Wolfgang Heribert von Dalberg wurde der Park gegen 1790 durch den berühmten Gartenarchitekten Friedrich Ludwig Skell neu angelegt. In Form eines Englischen Gartens entstanden Wiesenflächen, Waldstücke, Teiche und Inseln.
Herrnsheimer Hauptstraße 2
67550 Worms-Herrnsheim
Ganzjährig begehbar!

Kaiserallee bei Frauenberg
Gesäumt wird die Allee von zwölf Stelen (für die zwölf wichtigsten Kaiser zur Zeit der Besiedlung des Nahekopfes), von denen elf in einer Reihe stehen.
55776 Frauenberg
Ganzjährig begehbar!

Keltengarten bei Steinbach am Donnersberg
Machen Sie sich mit den landestypischen Besonderheiten vertraut und erahnen Sie, wie sich unsere keltischen Vorfahren vor fast 3000 Jahren ihr Leben den natürlichen Vorkommnissen anpassten.
Hinter dem Sportplatz,
67808 Steinbach am Donnersberg,
Tel. +49 (0) 63 52 / 17 12
Öffnungszeiten: www.winnweiler-vg.de/tourismus

Keltischer Ringwall auf dem Donnersberg
Der auf den Hochlagen des Donnersbergs befindliche rekonstruierte Keltenwall besteht aus einem Ost- und einem Westwerk und wurde von den Kelten zweimal erneuert. Im Innern des Walls (und das ist bisher einmalig) befindet sich eine Viereckschanze.
Donnersberg, 67814 Dannenfels
Ganzjährig begehbar!

Kirchenruine St. Maria Magdalena in Hangen-Wahlheim
Sie wird 1496 als Pfarrkirche erwähnt. Anscheinend wurde eine An-

Keltischer Ringwall Donnersberg

lage des 13. Jahrhunderts in spätgotischer Zeit überbaut. Das Bauwerk wurde 1689 zerstört.
55234 Hangen-Wahlheim
Ganzjährig geöffnet!

Kloster Rosenthal
Das südlich von Göllheim gelegene Zisterzienserinnenkloster St. Maria in Rosenthal wurde 1241 vom Grafen Eberhard II. von Eberstein, dem Besitzer der Herrschaft Stauf, gegründet. Die Kirche wurde im frühgotischen Stil erbaut und 1261 geweiht. König Adolf von Nassau, der 1298 in der Schlacht bei Göllheim, auf dem Hasenbühl fiel, ruhte elf Jahre in der Klosterkirche, bis er im Speyerer Dom beigesetzt werden konnte.
67304 Kerzenheim/Rosenthal,
Tel. +49 (0) 63 51 / 40 74 01
Ganzjährig geöffnet – bitte aber kurz anrufen!

Kloster Rosenthal

Königsstuhl auf dem Donnersberg
Der Königsstuhl ist eine markante Felsformation – sein Gipfel ist der höchste Punkt auf dem 686,5 m ü. NN hohen Donnersberg, dem höchsten Berg im Nordpfälzer Bergland und in der Pfalz.
Donnersberg, 67814 Dannenfels
Ganzjährig begehbar!

Lennebergturm bei Mainz
Der Lennebergturm ist ein ca. 17 m hoher steinerner Aussichtsturm im Lennebergwald zwischen Mainz und Budenheim.
55257 Budenheim
Ganzjährig ab 9:00 Uhr

Ludwigsturm auf dem Donnersberg
Der Ludwigsturm nahe Dannenfels, ist ein 27 m hoher und als Kulturdenkmal ausgewiesener Aussichtsturm auf dem Donnersberg.
Donnersberg, 67814 Dannenfels
An Werktagen – Schlüssel im Dannenfelser Touristikbüro, Oberstraße 14, Tel. +49 (0) 63 57 / 16 14
An Wochenenden und Feiertagen geöffnet

Mehlinger Heide bei Mehlingen
Das Gebiet der Mehlinger Heide ist eine der größten Heidelandschaften in Südwestdeutschland und seit

2005 ein sehr beliebtes Ausflugsziel als Naherholungsgebiet und für Urlauber in der Pfalz.
67678 Mehlingen
Ganzjährig begehbar!

Moschellandsburg (Burgruine Landsberg) bei Obermoschel
Über Obermoschel, der kleinsten Stadt der Pfalz, thront mit ihrem weithin sichtbaren Bergfried die Moschellandsburg, auch Burg Landsberg genannt. Sie wurde vermutlich im 12. Jahrhundert von dem Nahegaugrafen Emicho I. errichtet.
67823 Obermoschel
Ganzjährig zu besichtigen!

Moltkefelsen (Adlerbogen)
Der Adlerbogen wurde 1880 auf dem ehemaligen Dorbisfelsen zu Ehren des Generalfeldmarschalls von Moltke errichtet. 1945 wurde dem Adler der Kopf abgeschossen. 1981 ist der restaurierte Adler wieder auf den Adlerbogen gesetzt worden.
67814 Dannenfels
Ganzjährig zu besichtigen!

Naturschutzgebiet Mittagsfels bei Niederalben
Das Naturschutzgebiet Mittagsfels ist insgesamt etwa 21 ha groß und mit schmalen Pfaden erschlossen. Im zeitigen Frühjahr ist hier die unter Naturschutz stehende und sehr selten anzutreffende Küchenschelle zu bewundern.
66887 Niederalben
Ganzjährig begehbar!

Naturschutzgebiet Wartekopf bei Ulmet
Das 122 ha großen Naturschutzgebiet Wartekopf ist ein Biotopkomplex aus wärmeliebenden Eichen-Trockenwäldern, Felsen, Trockenrasen, Rotbuchenwald, naturnahen Bächen und Magerwiesen. Zahlreiche wärme- und trockenheitsliebende Tier- und Pflanzenarten kommen hier vor, wie z.B. die Mehlbeere, die Schlüsselblume oder der braune Feuerfalter sowie viele Spechtarten.
66887 Ulmet
Ganzjährig begehbar!

Nordpfälzer Heimatmuseum in Rockenhausen
Auf zwei Ebenen von insgesamt 450 m² Ausstellungsfläche zeigt der Nordpfälzer Geschichtsverein in diesem Museum Zeugnisse der Vor- und Frühgeschichte über die alten Römer, den Burgen- und Bergbau des Mittelalters, bis zu den mannigfaltigsten Zeugnissen des 19. Jahrhunderts, darunter Exponate zum Bergbau, zur Burgengeschichte und zur Geschichte des ehemaligen Landkreises Rockenhausen.
Besonders sehenswert ist die Sammlung alter gusseiserner Öfen der Firma Gienanth.
Bezirksamtsstraße 8, 67806 Rockenhausen, Tel. +49 (0) 63 61 / 34 49
www.nordpfaelzer-geschichtsverein.de/nordpfaelzer-heimatmuseum.html
Donnerstags und sonntags von 15:00 bis 17:00 Uhr

Ohmbachstausee bei Gries
Der Ohmbachsee ist ein Stausee des Ohmbachs bei Gries. Er liegt im südlichen Bereich der Urlaubsregion Ohmbachsee-Glantal und ist das größte Stillgewässer der Westpfalz.
66903 Gries
Ganzjährig umgehbar!

Potzbergturm bei Föckelberg
Am 13. Juli 1952 feierlich eröffnet,sind seither wohl unzählige Besucher auf dem Gipfel des Potzbergs und auf der Aussichtsplattform des Turms gewesen. Die atemberaubende Sicht

auf die Weiten des Pfälzer Berglandes sind allemal einen Aufstieg wert.
Potzberg, 66887 Föckelberg
Ganzjährig zu besichtigen!

Probstei St. Remigii bei Haschbach
Die Propsteikirche St. Remigius ist eine Kirche auf dem Remigiusberg zwischen Haschbach am Remigiusberg, Theisbergstegen und Rammelsbach im Landkreis Kusel. Sie ist das einzige erhaltene Gebäude der ehemaligen Benediktinerpropstei St. Remigius und wurde um 1127 erbaut. Ab 1556 diente sie als Grablege der Grafen von Pfalz-Veldenz.
Seit 1744 ist sie Pfarrkirche der katholischen Pfarrgemeinde „Remigiusberg".
66871 Haschbach am Remigiusberg
Nur von außen zu besichtigen!

Römisches Theater in Mainz
Das Römische Theater in Mainz (lat. Mogontiacum) wurde Ende der 1990er Jahre freigelegt. Es befindet sich in direkter Nachbarschaft des Bahnhofs Mainz und war mit einem Durchmesser von 116 m und einer Bühnenbreite von 42 m einst das größte römische Bühnentheater nördlich der Alpen. Das Theater bot Platz für ca. 10.000 Besucher.
Zitadellenweg, 55116 Mainz,
Tel. +49 (0) 6131 / 201 63 00
April – September jeden Sonntag ab 14:00 Uhr

Rotenfels bei Bad Münster
Der Rotenfels zwischen Bad Münster am Stein-Ebernburg und Norheim besitzt 202 Meter Wandhöhe und ist 1.200 Meter lang. Außerdem ist der Rotenfels die steilste Steilwand zwischen den Alpen und Skandinavien.
55583 Bad Münster am Stein-Ebernburg
Ganzjährig begehbar!

Ruine Altwolfstein bei Wolfstein
Die Burg Altwolfstein, auch als Altes Schloss bezeichnet, ist die Ruine einer Hangburg am Osthang des Königsbergs an der engsten Stelle des Lautertals bei Wolfstein.
67752 Wolfstein
Ganzjährig zu besichtigen!

Ruine Frauenburg bei Frauenberg
Einsam im Wald, in der Nähe der Gemeinde Frauenberg im Kreis Birkenfeld, liegt die noch gut erhaltene Ruine der Frauenburg.
Die Frauenburg erhielt ihren Namen von der jungen Witwe Loretta von Sponheim, die sich nach dem Tod ihres Mannes Graf Heinrich II. von Sponheim 1324 und nach der Übergabe der Regierung an ihren Sohn Johann III. 1313 dorthin zurückzog.
55776 Frauenberg
Ganzjährig zu besichtigen

Ruine Michelsburg bei Haschbach
Nahe der Benediktinerprobstei Remigiusberg ragen die wenigen erhaltenen Mauern der St. Michaelsburg, genannt Michelsburg, auf. Schon im Jahre 1124 soll sich auf dem Gipfel des Michaelsbergs, der mit dem heutigen Remigiusberg identisch ist, eine hölzerne Befestigung befunden haben. Der Bau der heutigen Michelsburg erfolgte mehr als 100 Jahre später.
66871 Haschbach am Remigiusberg
Ganzjährig zu besichtigen!

Ruine Naumburg bei Bärenbach
Die Burg, nahe der Mündung des Bärenbachs in die Nahe gelegen, gehörte zu den Besitzungen der Raugrafen, einer Seitenlinie der Wildgrafen. Nach wechselnden Besitzverhältnissen ging die Burg im 14. Jh. an die Grafen von Sponheim-Kreuznach.
55758 Bärenbach
Ganzjährig zu besichtigen!

Ruine Neuwolfstein bei Wolfstein
Die Burg Neuwolfstein wurde vermutlich in der ersten Hälfte des 14. Jahrhunderts errichtet. Im Laufe ihrer Geschichte wechselte sie häufig die Besitzer: Sponheim, Kurpfalz, Flersheim, Sickingen und Pfalz-Veldenz zählten dazu. 1688 zerstörten französische Soldaten die Burg. Doch schon 1695 war Neuwolfstein wieder aufgebaut und diente bis 1713 als Kaserne für kurpfälzische Soldaten.
67752 Wolfstein
Ganzjährig zu besichtigen!

Ruine Sprengelburg bei Eßweiler
Obwohl in manchen Veröffentlichungen das 13. Jahrhundert genannt wird, legt die Burgform – eine Turmhügelburg – sowie ältere Fundamentreste eine Erbauung vor 1150 nahe. Da bei den Ausgrabungen nur wenige Funde gemacht wurden, glaubt man, dass die Burg nur kurze Zeit bestand.
67754 Eßweiler
Ganzjährig zu besichtigen!

Selbergturm bei Rothselberg
Der Selbergturm ist eine ca. 18 m hohe Stahlkonstruktion, die nahe der Selberghütte auf dem 546 m hohen Selberg bei Rothselberg steht und jederzeit frei zugänglich ist. Von der gesicherten Aussichtsplattform hat man einen herrlichen Blick über das Nordpfälzer Bergland.
67753 Rothselberg
Ganzjährig geöffnet!

Skulpturenpfad in Reipoltskirchen
Entdecken Sie rund um die Wasserburg in Reipoltskirchen neue Bilder in der Landschaft. Am Taufort des Tiermalers Johann-Heinrich Roos haben Künstler großflächige Bilder in die Landschaft gezaubert. Die Wasserburg mit Bergfried und Malschule bildet einen adäquaten Rahmen für die entstandenen Kunstwerke. Vom Turm der Wasserburg (frei zugänglich) hat man einen großartigen Überblick, ein Rundgang über den Skulpturenpfad zeigt die Kunstwerke aus der Nähe.
67753 Reipoltskirchen
Ganzjährig begehbar!

Skulpturenpfad Reipoltskirchen

Stadtpark in Mainz
Im Mainzer Grüngürtel, zwischen Alt- und Oberstadt, liegt der Stadtpark. In fußläufiger Entfernung zur Mainzer Innenstadt gelegen, ist er für erholungssuchende Innenstadtbewohner ein attraktives Ausflugsziel. In die historische Landschaftsparkanlage sind der Rosengarten, ein Vogelhaus sowie ein Flamingoweiher integriert.
Am Stadtpark 1, 55116 Mainz
Ganzjährig geöffnet!

Steinbruch Sulzbachtal
Die gelben und roten Sandsteine der Region wurden außer für den Hausbau auch für Kirchenbauten und Denkmäler genutzt. Sie fanden überregional Verwendung wie z. B. für das Berliner Reichstagsgebäude.
67734 Sulzbachtal
Ganzjährig begehbar!

Steinbruch Dunzelloch bei Stein-Bockenheim
Bereits im 15. Jahrhundert wird in alten Urkunden von der Existenz ergiebiger Steinbrüche bei Stein-Bockenheim berichtet. Das „Dunzelloch“ war ein solcher Steinbruch. Hier wurde Sandstein abgebaut, der dann mit Pferdefuhrwerken in die umliegenden Städte gebracht wurde.
55599 Stein-Bockenheim
Ganzjährig begehbar!

Steinbruch zwischen Haschbach und Theisbergstegen
Der Steinbruch zwischen Haschbach und Theisbergstegen lädt zu einem Streifzug in die geologische Vielfalt der Region ein. Startend an diesem Rastplatz mit einer netten Bank auf einem großen Steinblock bieten verschiedene Informationstafeln tiefe Einblicke in Millionen Jahre, der Remigius-Wanderweg verläuft hier auf einem geologischen Lehrpfad durch das Steinbruchgelände. Der Lehrpfad schlägt die Brücke zwischen geologischer Vergangenheit und heutiger Nutzung.
66871 Haschbach am Remigiusberg
Ganzjährig begehbar!

Stumpfwaldbahn bei Ramsen
In der näheren Umgebung von Ramsen gab und gibt es umfänglichen Feld- und Grubenbahnverkehr. Sowohl unter, als auch ober Tage transportierten die Bahnen Ton und Sand zwischen Hettenleidelheim, Eisenberg und Ramsen.
Viele der Fahrzeuge und Gleise stammen aus diesem Gebiet und werden funktionsfähig erhalten. Um diese Technik den interessierten Besuchern zugänglich zu machen fahren die Züge in den wärmeren Monaten des Jahres jeden Sonntag mit den wunderschön restaurierten Personenzügen durch den Stumpfwald.
Eiswoog 2, 67305 Ramsen,
Tel. +49 (0) 63 56 / 80 35,
www.stumpfwaldbahn.de
Mai – Oktober

Wolfskirche bei Bosenbach
Inmitten des Friedhofs von Bosenbach steht der Turm der Wolfskirche, eines untergegangenen Dorfes mit außergewöhnlichen romanischen Wand- und Gewölbemalereien aus der ersten Hälfte des 14. Jhs. Sie zeigen das große Weltgericht, das Abendmahl und den Einzug Christi in Jerusalem. Dieser Palmesel-Christus stellt eine ikonografische Besonderheit dar. Beispiele mit derartigen Darstellungen begegnet man in der Kunst des 6. Jhs. beispielsweise in Ravenna.
66887 Bosenbach, zwischen Bosenbach und Friedelhausen,
Tel. +49 (0) 63 81 / 42 0 90
Besichtigung nach telefonischer Vereinbarung!

MEINE TIPPS FÜR ...

... schlechtes Wetter

Abteikirche Otterberg
Die Abteikirche Otterberg in Otterberg in der Pfalz ist eine ehemalige Zisterzienser-Abteikirche und nach dem Speyerer Dom die größte Kirche der Pfalz. Die Kirche wird als Simultankirche von evangelischen und katholischen Christen genutzt.
Kirchplatz, 67697 Otterberg,
Tel. +49 (0) 63 01 / 315 04,
www.cistercium.info/kloster-m/otterberg.html
Ganzjährig geöffnet

Alte Schmiede Theis
Die alte Hufschmiede Theis in der Kirchstraße ist eine der ältesten Schmieden des Landes. Das 1612 errichtete Gebäude beherbergte über Jahrhunderte die Hufschmiede, die

seit 1790 im Besitz der Familie Theis war. Seit einigen Jahren wird sie als Museumsschmiede betrieben.
Kirchstraße, 67697 Otterberg,
Tel. +49 (0) 63 01 / 315 04
Nach telefonischer Vereinbarung!

Beerewei(n)museum Eulenbis
Kein allgemeines Heimatmuseum, die es im Kreis in ausreichender Zahl gibt, sollte entstehen, sondern ein speziell der Beerewei(n)herstellung gewidmetes Museum.
Hauptstraße 8, 67685 Eulenbis,
Tel. +49 (0) 63 74 / 13 10
Ganzjährig geöffnet bei Anfrage

Burg Rheinstein
Die Spornburg steht linksrheinisch auf einem 90 m hohen Felssporn auf 190 m ü. NN am östlichen Abhang des Binger Waldes. Sie befindet sich oberhalb des Rheins zwischen Bingen und Trechtingshausen nahe dem Binger Rheinknie. Durch die terrassenartige Anlage des Berings ähnelt sie jedoch einer Hangburg.
55413 Trechtingshausen,
Tel. +49 (0) 67 21 / 63 48
Geöffnet täglich 9:30 Uhr bis 18:00 Uhr, letzter Einlass 17:30 Uhr

Geoskop Burg Lichtenberg

Diamantschleifermuseum
In anschaulicher Weise präsentiert das Museum die Arbeitstechniken des Diamantschleifens „Sägen, Reiben und Schleifen" vom Rohdiamanten zum funkelnden Brillanten an originalgetreuen und voll funktionsfähigen Arbeitsplätzen. Exponate, Bildtafeln und Filmpräsentationen demonstrieren dem Besucher die wechselvolle Geschichte der Diamantschleiferei in Brücken und Umgebung.
Hauptstraße 47, 66904 Brücken,
Tel. +49 (0) 63 86 / 99 31 68,
www.diamantschleifermuseum.de
Dienstag 9:30 – 12:00 Uhr,
Donnerstag 14:00 – 17:00 Uhr,
Sonntag 14:00 – 17:00 Uhr

Druckereimuseum mit Musikantenwerkstatt in Wolfstein
Um die Geschichte des Buchdrucks nicht in Vergessenheit geraten zu lassen, hat die Stadt Wolfstein ein Druckereimuseum eingerichtet. Die unterschiedlichsten Gegenstände dokumentieren hier die Druckkunst des späten 18. und des frühen 19. Jhs.
Rathausplatz 1, 67752 Wolfstein,
Tel. +49 (0) 63 04 / 214
Geöffnet nach telefonischer Vereinbarung!

Fossilienausstellung „annsus – take a look"
Schwerpunkte sind seit einigen Jahren Insekten, Pflanzen und Fische im Plattenkalk sowie dreidimensional erhaltene, aus Geoden herausgearbeitete Fische.
Hebelstraße 4, 67734 Sulzbachtal,
Tel. +49 (0) 63 08 / 99 0 90
Geöffnet nach telefonischer Vereinbarung!

Geoskop auf Burg Lichtenberg
Das GEOSKOP zeigt versteinerte Tiere und Pflanzen aus der Zeit vor den

Dinosauriern: Amphibien, Reptilien, Fische und Bäume aus den tropischen Farn- und Schachtelhalmwäldern des Perms. Auf Grafiken wird die Landschaft der Ur-Pfalz lebendig. Tiere und Pflanzen entstehen noch einmal neu.
Burgstraße 16, 66871 Thallichtenberg, Tel. +49 (0) 63 81 / 99 34 50, www.urweltmuseum-geoskop.de
April – Oktober 10:00 – 17:00 Uhr, November – März 10:00 – 12:00 Uhr und 14:00 – 17:00 Uhr

Heidentumkirchen in Alsheim und Guntersblum
Die orientalisch anmutenden Türme der Kirchen haben ihren Ursprung in der Zeit der Kreuzzüge. Im Volksmund heißen sie „Sarazenertürme“ oder eben Heidentürme. Ihre Architektur ist nur hier zu finden und führt zurück in die Zeit der Kreuzfahrer.
Alsheim: Mehlpfortenstraße 5, 67577 Alsheim, Tel. +49 (0) 62 49 / 51 93, www.heidentumkirchen.de
Ganzjährig geöffnet!
Guntersblum: Kirchstraße 2, 67583 Guntersblum, Tel. +49 (0) 62 49 / 23 66, www.heidentumkirchen.de
Ganzjährig geöffnet!

Heimatmuseum Wolfstein
Das Heimatmuseum zeigt interessante Funde aus der wechselvollen Geschichte Wolfsteins.
Hauptstraße 2, 67752 Wolfstein, Tel. +49 (0) 63 04 / 214
Ganzjährig geöffnet nach telefonischer Vereinbarung!

Herrnsheimer Schloss
Das Herrnsheimer Schloss im Norden des gleichnamigen Ortes geht auf eine 1460 erbaute Burg zurück. Ab 1711 entstand ein barockes Schloss, das 1792 schwer beschädigt wurde. Aus den Ruinen wurde das heutige Schloss im Empire-Stil nach Plänen des Mannheimer Architekten Jakob Friedrich Dyckerhoff erbaut. 1840 wurde es noch einmal verändert.
Herrnsheimer Hauptstraße 1, 67750 Worms/Herrnsheim, Tel. +49 (0) 62 41 / 853 73 06
April – Oktober, 3. Sonntag im Monat um 10:30 Uhr (Voranmeldung erforderlich!)

Kahnweilerhaus
Daniel-Henry Kahnweiler wurde am 25. Juni 1884 in Mannheim geboren. Seine Vorfahren lebten seit nahezu zwei Jahrhunderten als jüdische Kaufleute im pfälzischen Rockenhausen, wo heute noch das Haus seiner Eltern und Großeltern in der Luitpoldstraße 20 steht.
Er war „Entdecker“, Förderer und nicht zuletzt persönlicher Freund Pablo Picassos, blieb dabei aber als Kunsthändler, Verleger und Schriftsteller stets im Hintergrund.
Marktplatz 10, 67806 Rockenhausen, Tel. +49 (0) 63 61 / 45 121
Ganzjährig Donnerstag – Sonntag 15:00 – 17:00 Uhr sowie nach Vereinbarung, Karfreitag und Ostersonntag geöffnet!

Kalkbergwerk Wolfstein
Das Kalkbergwerk am Königsberg ist ein Besucherbergwerk – das am längsten betriebene Kalkbergwerk am Königsberg – bis 1967 wurde hier Kalkstein abgebaut.
Hauptstraße 48, 67752 Wolfstein, Tel. +49 (0) 63 82 / 79 11 18, www.kalkbergwerk.com
Sonn-/Feiertage 13:00 – 18:00 Uhr, Gruppen nach Vereinbarung!
Ferien Rheinland-Pfalz, dienstags und freitags um 14:00 Uhr

Katharinenkirche Oppenheim
Die Katharinenkirche in Oppenheim

gilt als eine der bedeutendsten gotischen Kirchen am Rhein zwischen Straßburg und Köln.
Katharinenstraße 1,
55276 Oppenheim,
Tel. +49 (0) 61 33 / 23 81,
www.katharinen-kirche.de
Täglich geöffnet 01.11. – Karsamstag 9:00 – 17:00 Uhr, Ostern – 31.10. 8:00 – 18:00 Uhr

Keltendorf Steinbach am Donnersberg
Im Jahr 2003 entwickelte sich die Idee, die Bauwerkskunst der Kelten zu neuem Leben zu erwecken. Anders als bei bestehenden Keltendörfern lag die Idee für die Keltensiedlung in Steinbach nicht darauf ein Museum im klassischen Sinne zu errichten, sondern vielmehr das Modell einer keltischen Siedlung darzustellen.
Brühlstraße, 67808 Steinbach am Donnersberg, Tel. +49 (0) 63 52 / 17 12,
www.keltendorf-steinbach.de
Ab März: samstags 11:00 – 17:00 Uhr, sonntags 10:00 – 17:00 Uhr
Ferien Rheinland-Pfalz donnerstags 15:00 – 19:00 Uhr

Kloster Disibodenberg
Bereits die Kelten wählten diesen mystischen Ort für eine heilige Stätte. Römer bauten hier einen Jupitertempel. Der Namenspatron des Berges, der hl. Disibod, lässt sich im 7. Jahrhundert als Einsiedler am Fuß des Berges nieder. Schließlich errichten Benediktiner im 12. Jahrhundert eine gewaltige Klosteranlage. Die hl. Hildegard verbringt hier ihre ersten 39 Klosterjahre als Inklusin. Im Hochmittelalter übernehmen Zisterzienser das Kloster und führen es zu wirtschaftlicher Blüte.
55571 Odernheim am Glan,
Tel. +49 (0) 67 55 / 969 28 04,
www.disibodenberg.de
April – Oktober samstags 12:00 – 18:00 Uhr, Sonn-/Feiertage 11:00 – 17:00 Uhr
Ferien Rheinland-Pfalz nachmittags und auf Anfrage!

Motorsägenmuseum Lauterecken
In dieser Ausstellung geht es um weitaus mehr als eine Standardsäge, wie sie sich wohl jeder von euch vorstellen kann und wird. Falsche Vorstellungen können, in diesem Fall und zu unserem Glück, zur positiven Enttäuschung führen. Man muss sich lediglich auf den Versuch einlassen, die Faszination „Motorsäge“ für sich selbst entdecken zu wollen und dabei die alteingesessenen Assoziationen verabschieden.
Saarbrücker Straße 10, 67742 Lauterecken, Tel. +49 (0) 63 82 / 63 55,
www.motorsaegenmuseum-lauterecken.de
Ganzjährig nach telefonischer Vereinbarung!

Museum Pachen
Neu konzipiert präsentiert sich die Dauerausstellung im Museum Pachen – Deutsche Kunst des 20. Jahrhunderts. Wesentlicher Aspekt der Konzeption: Die moderne Farbgestaltung der Ausstellungsräume betont und aktivert die einzelnen Themenbereiche.
Speyerer Straße 3,
67806 Rockenhausen,
Tel. +49 (0) 63 61 / 22 136
Dienstag – Sonntag 14:30 – 17:30 Uhr oder nach Vereinbarung!

Musikantenlandmuseum Burg Lichtenberg, Musikantenmuseum in Mackenbach
Seit Mitte des 19. Jahrhunderts bis etwa zur Zeit des Zweiten Weltkrieges verließen die Musikanten in Gruppen ihre Heimat, um in fast allen Teilen der Welt zu musizieren

Musikantenlandmuseum

und auf diese Weise dem Broterwerb nachzugehen. Es waren viele Hundert Musiker, die beständig die Welt bereisten und manche von ihnen wurden – oft durch eigene Kompositionen – berühmt. Im Musikantenland-Museum auf Burg Lichtenberg und dem Musikantenmuseum in Mackenbach ist diese untergegangene Welt der Wandermusikanten wieder auferstanden.
Musikantenlandmuseum, Burgstraße 16, 66871 Thallichtenberg,
Tel. +49 (0) 63 81 / 84 29,
www.pfaelzerbergland.de
April – Oktober 10:00 – 17:00 Uhr,
November – März 10:00 – 12:00 Uhr
und 14:00 – 17:00 Uhr
Musikantenmuseum, Schulstraße 10, 67686 Mackenbach,
Tel. +49 (0) 63 74 / 61 14
www.musikantenmuseum.de
Die Pforten des Museums öffnen sich für Sie gerne nach telefonischer Vereinbarung.

Naturkundemuseum Burg Lichtenberg
In der wiederaufgebauten Zehntscheune von Burg Lichtenberg beherrscht das Wurzelwerk einer 130 Jahre alten Fichte den Raum des naturkundlichen Museums. Die Besucher können die sich weit ausbreitenden und dabei ganz fein verästelten Wurzeln von allen Seiten betrachten und als ein Kunstwerk, das die Natur geschaffen hat, bewundern. Sie erfahren Wissenswertes über Naturschutzgebiete, lernen den Vogel des Jahres kennen oder machen sich mit den hierzulande seltenen Störchen vertraut. Versuchen sie, durch Ertasten ein Tier zu bestimmen, oder durch Riechen den Namen von Kräutern herauszufinden. Ein Terrarium mit bei uns lebenden, nicht einheimischen Tierarten sowie ein Terrarium mit Gelbbauchunken lassen das Museum lebendig erscheinen.
Burgstraße 16, 66871 Thallichtenberg, Tel. +49 (0) 63 81 / 84 29,
www.pfaelzerbergland.de
April – Oktober 10:00 – 17:00 Uhr,
November – März 10:00 – 12:00 Uhr
und 14:00 – 17:00 Uhr

Ölmühle Sankt Julian
Die 1730 erbaute Ölmühle in St. Julian gilt heute als eine der letzten betriebsfähigen Ölmühlen in ganz Europa. Heute wird das einzigartige Verfahren der Ölgewinnung nur noch zu Vorführzwecken demonstriert. Ihr Schäl- oder Gerbgang mit Rütteleinrichtung und Windhaus ist nach Ansicht von Experten einmalig in Deutschland.
Die Mühle steht mittlerweile unter Denkmalschutz und gilt als ein Wunderwerk alter Mühlenbaukunst.
An der Lenschbach, 66887 Sankt Julian, Tel. +49 (0) 171 / 263 90 76
Ganzjährig nach telefonischer Vereinbarung!

Pfälzisches Bergbaumuseum und Besucherbergwerke „Weiße Grube" und „Grube Maria" in Imsbach
Im Pfälzischen Bergbaumuseum und

in den beiden Besucherbergwerken „Weiße Grube" und „Grube Maria" im ehemaligen Bergmannsdorf Imsbach ist die Vielfalt der Bodenschätze dieser Region zu bestaunen.
Museum: Ortsstraße 2, 67817 Imsbach, Tel. +49 (0) 63 02 / 60 2 61, www.bew-imsbach.de
1. April – 30. Oktober, Samstag 13:00 – 17:00 Uhr, Sonn-/Feiertage 11:00 – 17:00 Uhr
Ferien Rheinland-Pfalz dienstags 13:00 – 17:00 Uhr
Besucherbergwerk „Weiße Grube": Im Langental 1, 67817 Imsbach, Tel. +49 (0) 63 02 / 34 48, www.bew-imsbach.de
1. April – 30. Oktober, Samstag 13:00 – 17:00 Uhr, Sonn-/Feiertage 11:00 – 17:00 Uhr
Ferien Rheinland-Pfalz dienstags 13:00 – 17:00 Uhr

Rheinland-Pfälzisches Freilichtmuseum Bad Sobernheim
Treu dem Motto „Erleben wie es wirklich war" tauchen Sie unter anderem ein in Küchen, Wohn- und Schlafräume oder Werkstätten aus vergangener Zeit. Besuchen Sie den Kolonialwarenladen, die alte Schule oder die historische Metzgerei mit original Villeroy & Boch-Fliesen. Hören Sie das Klappern der Wassermühle und riechen Sie den Ruß in der Schmiede oder den Brotgeruch vom letzen Backgang in der Backstube.
Nachtigallental 1, 55566 Bad Sobernheim, Tel. +49 (0) 67 51 / 85 58 80
März – November, täglich außer montags, 9:00 – 18:00 Uhr, letzter Einlass 17:00 Uhr
Von Juni – August und in den Schulferien von Rheinland-Pfalz auch montags geöffnet!

Romanische Basilika St. Lambertus
Schon von weitem sieht man am Rande des Rheinhessischen Rebenmeeres das „Kleinod des Wonnegau", die fast 1000 Jahre alte romanische Basilika St. Lambertus zu Bechtheim.
Ursprünglich gehört sie dem Bischof zu Lüttich. Er verlieh den Chorherren zu Lüttich das Recht, die Pfarrei in Bechtheim zu besetzen. So kamen bis in die Zeit nach der Reformation die Pfarrer von Lüttich nach Bechtheim.
Die Größe der Kirche lässt darauf schließen, dass sie auch als Wallfahrtskirche diente.
Kirchgasse 3, 67595 Bechtheim, Tel. +49 (0) 62 42 / 14 34
Ganzjährig geöffnet!

Schloß Veldenz
Die ehemalige Residenz der Grafen von Veldenz erhielt schon um 1343 Stadtrechte und spannt den Bogen zu einer wechselvollen Vergangenheit, in der einmal zwei Schlösser das Stadtbild beherrschten. Im Verlauf des frühen 16. Jahrhunderts wurde die Residenz quasi neu errichtet und zum Ende des Jahrhunderts als Neuer Bau erweitert.
Milchgasse 1, 67742 Lauterecken, Tel. +49 (0) 63 82 / 85 41
Ganzjährig nach Vereinbarung geöffnet!

St. Laurentius-Kirche in Brücken
In der katholischen Pfarrkirche von Brücken (1953–55 erbaut) befindet sich das größte Altarmosaik seiner Art in der Pfalz. Das 32 m^2 große Christkönigmosaik entstand im Oktober 1956 durch den Münchner Künstler Wilhelm Braun. Es ist aus über 30.000 Steinchen aus italienischem Marmor und Glasfluss-Stücken zusammengesetzt.
Steinstraße 13, 66904 Brücken/Pfalz, Tel. +49 (0) 63 86 / 57 22
Nicht immer offen!

Tiger-Garten Waldeck
Peter Schweikhard hatte als damaliger Inhaber einer Metzgerei in Heidesheim in den Jahren 1977/78 geschäftliche Beziehungen zum Safariland in Groß-Gerau. Die Faszination der großen Raubkatzen packte ihn, und so kam es, dass er gerne immer wieder Löwen- und Tigerbabys als Flaschenkinder großzog, insgesamt fünf an der Zahl. Als der Park 1984 in Konkurs ging, befanden sich gerade eine Löwin namens Cherry und ein Tiger namens Bengal bei ihm. Er behielt die beiden Kleinen einfach bei sich und rettete sie so vor den Tierhändlern.
Waldeck 1, 55218 Ingelheim,
Tel. +49 (0) 67 25 / 43 13,
www.tiger-garten-waldeck.de
Sommer: Mittwoch – Freitag, Sonn-/ Feiertage ab 12:00 Uhr; Winter: Freitag – Sonntag 12:00 – 18:00 Uhr

Turmuhrenmuseum Rockenhausen
Das Museum für Zeit – Pfälzisches Turmuhrenmuseum in Rockenhausen präsentiert in einem ehemaligen Gehöft eine Sammlung historischer Zeitmessgeräte, eine astronomische Großuhr und ein Carillon.
Schlossstraße 10,
67806 Rockenhausen,
Tel. +49 (0) 63 61 / 34 30
Dienstag – Sonntag 14:30 – 17:30 Uhr oder nach Vereinbarung!
Feiertage bitte nachfragen!

Wildpark & Greifvogelzoo Potzberg

Wildpark & Greifvogelzoo Potzberg
Die etwa 30 Hektar große Anlage bietet als Hauptattraktion seit 1991 Greifvogelschauen. Dabei werden beispielsweise Stein-, Weißkopf- und Riesenseeadler, Bussard, Schwarzmilan, verschiedene Falkenarten, Andenkondor, Mönchsgeier, Gänsegeier und Uhu beim Flug auf scheinbare Beute präsentiert.
Zudem beherbergt der Park in weitläufigen und vorteilhaft in die Landschaft eingebetteten Gehegen größere Säugetiere.
Potzberg, 66887 Föckelberg,
Tel. +49 (0) 63 85 / 62 49,
www.wildpark.potzberg.de
Ab März geöffnet

Ziegenkäserei Erdesbach
Vor dreißig Jahren haben Ulrike und Roland Stichlmeir nach dem Landwirtschafts-Studium den kleinen Hof in der Westpfalz gekauft. Nach einigen Jahren der Erfolge und Misserfolge in der kleinen, provisorischen Käserei wagten sie 1990 den Schritt zum Vollerwerbsbetrieb, drei Jahre später wurde konsequent auf biologischen Anbau umgestellt.
Eckweg 2,
67887 Erdesbach,
Tel. +49 (0) 63 81 / 40 418
Geöffnet Freitag 14:00 – 18:00 Uhr, samstags 9:00 – 14:00 Uhr

Tourist Service Center Mainz
55116 Mainz
Rheinstraße 55
www.touristik-mainz.de
tourist@mainzplus.com
Tel. +49 (0) 6131 / 24 28 88

Rheinhessen Touristik GmbH
55268 Nieder-Olm
Kreuzhof 1
www.rheinhessen.de
service@rheinhessen.info
Tel. +49 (0) 6136 / 923 98 22

Tourist Information Alzeyer Land
55232 Alzey
Antoniterstraße 41
www.alzeyer-land.de
touristinfo@alzey.de
Tel. +49 (0) 6731 / 49 93 64

Touristik Budenheim
55257 Budenheim
Berliner Straße 3
www.budenheim.de
info@budenheim.de
Tel. +49 (0) 6139 / 29 90

Verkehrsverein Bodenheim e.V.
55294 Bodenheim, Obergasse 22
www.verkehrsverein-bodenheim.de
verkehrsverein@bodenheim.de
Tel. +49 (0) 6135 / 63 95

Tourist-Info Bingen
55411 Bingen am Rhein, Rheinkai 21
www.bingen.de
stadtverwaltung@bingen.de
Tel. +49 (0) 6721 / 18 42 00

Touristik Gau-Algesheim
55435 Gau-Algesheim, Rathaus
Marktplatz 1
www.gau-algesheim.de
stadt@gau-algesheim.de
Tel. +49 (0) 6725 / 3151

Gesundheit und Tourismus für Bad Kreuznach GmbH
55543 Bad Kreuznach
Kurhausstraße 22
www.bad-kreuznach-tourist.de
info@bad-kreuznach-tourist.de
Tel. +49 (0) 671 / 83 600 50

Kur- und Touristinformation
55566 Bad Sobernheim
Bahnhofstraße 4
www.bad-sobernheim.de
touristinfo@bad-sobernheim.de
Tel. +49 (0) 6751 / 81 241

Touristik Verbandsgemeinde Baumholder
55574 Baumholder
Am Weiherdamm 1
www.vgv-baumholder.de
verwaltung@vgv-baumholder.de
Tel. +49 (0) 6783 / 8116

Verkehrsverein Rheingrafenstein e.V.
55583 Bad Münster am Stein-Ebernburg, Berliner Straße 60
www.bad-muenster-am-stein.de
info@bad-muenster-am-stein.de
Tel. +49 (0) 6708 / 64 17 80

Touristikbüro Meisenheim
55590 Meisenheim, Untergasse 16
www.pfalznah.de
info@pfalznah.de
Tel. +49 (0) 6753 / 12 123

Naheland-Touristik
55606 Kirn, Bahnhofstraße 37
www.naheland.net
info@naheland.net
Tel. +49 (0) 6752 / 13 76 10

Touristik Verbandsgemeinde Kusel
66869 Kusel, Marktplatz 1
www.vg.kusel.de, vg@kusel.de
Tel. +49 (0) 6381 / 9180

Tourismusbüro Pfälzer Bergland
66869 Kusel, Bahnhofstraße 67
www.pfaelzerbergland.de
touristinformation@kv-kus
Tel. +49 (0) 63 81 / 42 42 70

Touristik Verbandsgemeinde Altenglan
66885 Altenglan
Schulstraße 3–7 www.vg-altenglan.de
info@vg-altenglan.de
Tel. +49 (0) 63 81 / 42 09 27

Touristikbüro Bruchmühlbach-Miesau
66892 Bruchmühlbach-Miesau
Am Rathaus 2
www.bruchmuehlbach-miesau.de
tourismus@bruchmuehlbach-miesau.de
Tel. +49 (0) 63 72 / 922 01 06

Touristik Oberes Glantal
66901 Schönenberg-Kübelberg Rathausstraße 8, www.vgog.de,
www.ohmbachsee-glantal.de
poststelle@vgog.de
Tel. +49 (0) 63 73 / 50 40

Donnersberg-Touristik-Verband
67292 Kirchheimbolanden
Uhlandstraße 2
www.donnersberg-touristik.de
touristik@donnersberg.de
Tel. +49 (0) 63 52 / 17 12

Touristik Verbandsgemeinde Kirchheimbolanden
67292 Kirchheimbolanden
Neue Allee 2
www.kirchheimbolanden.de
touristik@Kirchheimbolanden.de
Tel. +49 (0) 63 52 / 400 41 15

Touristik Eisenberg/Pfalz
67304 Eisenberg/Pfalz
Hauptstraße 86
www.vg-eisenberg.de
info@vg-eisenberg.de
Tel. +49 (0) 63 51 / 40 74 40

Zellertal Aktiv
67308 Zellertal
Herrwiese 31
www.zellertal-aktiv.com
kontakt@zellertal-aktiv.de
Tel. +49 (0) 63 55 / 955 00 48

Touristik Verbandsgemeinde Göllheim
67307 Göllheim, Freiherr-v.-Stein-Straße 1–3, www.vg-goellheim.de
goellheim@vg-goellheim.de
Tel. +49 (0) 63 51 / 49 0 90

Touristik Stadt Worms
67547 Worms, Neumarkt 14
www.worms.de
touristinfo@worms.de
Tel. +49 (0) 62 41 / 853 73 06

Tourist Info Verbandsgemeinde Monsheim
67590 Monsheim, Alzeyer Straße 15
www.vg-monsheim-tourismus.de
touristinfo@vg-monsheim.de
Tel. +49 (0) 62 43 / 18 09 16

Tourist-Information der Verbandsgemeinde Eich
67675 Eich, Hauptstraße 26
www.tourismus.vgeich.de
tourismus@vg-eich.de
Tel. +49 (0) 62 46 / 69 17

Rhein-Selz Tourismus e.V.
67583 Guntersblum, Alsheimer Straße 29, www.rheinselz.de
info@rheinselz.de
Tel. +49 (0) 61 33 / 490 15 11

Touristikverein Verbandsgemeinde Westhofen im Wonnegau e.V
67593 Westhofen, Wormser Straße 23
www.weinartland.de
info@weinartland.de
Tel. +49 (0) 62 44 / 59 08 18

Touristikbüro Weilerbach
67685 Weilerbach
Rummelstraße 15
www.weilerbach.de
tourismus@vg-weilerbach.de
Tel. +49 (0) 63 74 / 92 21 31

Touristinformation Otterbach-Otterberg
67697 Otterberg, Hauptstraße 54
www.otterbach-otterberg.de
tourist-info@otterbach-otterberg.de
Tel. +49 (0) 63 01 / 315 04

Tourismusbüro Verbandsgemeinde Winnweiler
67722 Winnweiler
Jakobstraße 29
www.winnweiler-vg.de
info@winnweiler-vg.de
Tel. +49 (0) 63 02 / 60 20

Touristik Verbandsgemeinde Lauterecken-Wolfstein
67742 Lauterecken, Schulstraße 6a
www.vg-lw.de
info@vg-lw.de
Tel. +49 (0) 63 82 / 79 10

Touristik Verbandsgemeinde Rockenhausen
67806 Rockenhausen
Bezirksamtsstraße 7
www.rockenhausen.de
info@rockenhausen.de
Tel. +49 (0) 63 61 / 45 10

Touristik Verbandsgemeinde Alsenz-Obermoschel
67821 Alsenz
Schulstraße 16
www.pfalznah.de
info@vg-alsenz-obermoschel.de
Tel. +49 (0) 63 62 / 30 30

ÜBERNACHTUNGSVERZEICHNIS

€ unter 29 EUR €€ 30 - 59 EUR €€€ ab 60 EUR
(pro Pers/DZ/incl. Frühstück)
Ferienwohnung gleiche Kategorie pro Person ohne Frühstück

Albisheim .... Plz 67308, Tel. +49 (0) 6355
Ferienwohnungen Gästehaus Göhrig (€), Ratsgasse 3, Tel. 2188, www.gaestehaus-goehring.de
Gästehaus Villa Wernz (€€), Hauptstraße 9, Tel. 98 9170, www.villawernz.de

Alsheim .... Plz 67577, Tel. +49 (0) 6249
Gasthof Hubertushof (€), Mainzer Straße 1, Tel. 50 95, www.hubertushofalsheim.de, hubertushofalsheim@web.de

Altenglan .... Plz 66885, Tel. +49 (0) 6381
Ferienwohnung Sonnengarten (€), Ober dem Reiterweg 1a, Tel. 42 91 20, www.familypreis.de
Ferienwohnung Atelier (€), Glanstraße 30, Tel. 40 142, www.atelier-ferienwohnung.de
Ferienwohnung Streitmühle (€), Streitmühle 1, Tel. 59 14, www.streitmuehle.de

Bad Münster am Stein – Ebernburg .... **Plz 55583, Tel. +49 (0) 6708**
Weinhotel Schneider (€€), Gartenweg 2, Tel. 2043, weinhotelschneider@t-online.de
Pension Schlossgarten (€€), Schlossgartenstraße 34, Tel. 2260, www.pension-schlossgarten.de, info@pension-schlossgarten.de

Bad Sobernheim .... **Plz 55566, Tel. +49 (0) 6751**
Hotel Ratshof (€€), Marktplatz 10, Tel. 2310, www.ratshof.de, info@ratshof.de

Baumholder .... **Plz 55774, Tel. +49 (0) 6783**
Hotel-Restaurant „Zum Stern" (€€), Ausweilerstraße 2, Tel. 5877, www.zum-stern-baumholder.de
Hotel Stadtkrug (€€), Poststraße 12, Tel. 1010, www.zumstadtkrug.de, zumstadtkrug@t-online.de
Hotel Westrich (€€), Reichenbacher Straße 1, Tel. 5872, www.hotel-westrich.de, info@hotel-westrich.de

Blaubach .... **Plz 66869, Tel. +49 (0) 6381**
Hotel-Restaurant Reweschnier (€€), Kuseler Straße 1, Tel. 923800, www.reweschnier.de, info@reweschnier.de

Bodenheim .... **Plz 55294, Tel. +49 (0) 6135**
Landhotel Battenheimer Hof (€€), Rheinstraße 2, Tel. 7090, www.battenheimerhof.com, info@battenheimerhof.com
Weingut Gruber (€€), In der Hüttstädt 8, Tel. 2371, www.weingutgruber.com, info@weingutgruber.com
Gästehaus Kirschgarten (€€), Wormser Straße 93A, Tel. 933520, www.gaestehaus-kirschgarten.de, info@gaestehaus-kirschgarten.de

Bruchmühlbach-Miesau .... **Plz 66982, Tel. +49 (0) 6372**
Bettenlager Fritz-Claus-Hütte (€), An der L466, Tel. 994383, www.fritz-claus-huette.de
Hotel & Restaurant Pfälzer Stuben (€€), Langwieder Straße 5, Tel. 91200, www.pfaelzer-stuben.com
Gasthaus & Pension Rilli Brehmer (€€), Kaiserstraße 151, Tel. 1287, www.gasthaus-rilli-brehmer.de

Dannenfels .... **Plz 67814, Tel. +49 (0) 6357**
Landhotel Berg (€€€), Oberstraße 11, Tel. 97350, www.hotel-berg.de
Hotel Kastanienhof (€€€), Donnersbergstraße 7, Tel. 9890730, www.kastanienhof.com

Einöllen .... **Plz 67753, Tel. +49 (0) 6383**
Ferienhaus Hannes (€), Hauptstraße 18, Tel. 1393, www.ferienhaus-einoellen.npage.de

Einselthum .... **Plz 67308, Tel. +49 (0) 6355**
Gasthaus Weller's Weinhäusel (€€), Hauptstraße 2, Tel. 2323, www.wellers-weinhaeusel.de
Ferienwohnung Winter (€), Hauptstraße 1, Tel. 2921, www.zellertal-fewo-winter.de

Erdesbach .... **Plz 66887, Tel. +49 (0) 6381**
Ferienhaus Erdesbacher Eselhof (€), Zweibrücker Straße 40,
Tel. +49 (0) 176 / 53 40 46 90, www.ferienhaus-erdesbacher-esel.de
Ferienwohnung Haus Gudrun (€), Am Schleidchen 9, Tel. 42 99 99,
www.haus-gudrun.de

Eulenbis .... **Plz 67685, Tel. +49 (0) 6374**
Ferienwohnungen Panorama-Gasthof Emmerwiesenhof (€€), Emmerwiesenhof,
Tel. 40 30, www.fewo-stemler.de
Ferienwohnungen Zum Eulennest (€), Im Steineck 19, Tel. 63 80,
www.zum-eulennest.de
Hotel Eulenkopf (€€), Im Steineck 36, Tel. 99 30 99, www.eulenbis.de
Hotel & Landgasthaus Pfeifertal (€€), Untere Pfeifermühle 7, Tel. 925 0,
www.hotel-pfeifertal.de

Flonheim .... **Plz 55237, Tel. +49 (0) 6734**
Landhotel Espenhof (€€), Poststraße 1, Tel. 94 0 40, www.espenhof.de
Landhotel im Klostereck (€€), Klostereck 7, Tel. 6129, www.strubel-roos.de,
info@strubel-roos.de
Gästehaus Dohlmühle (€€), An der Dohlmühle 7, Tel. 94 10 10, www.dohlmuehle.de,
info@dohlmuehle.de
Gästehaus & Weingut Thomas-Rüb (€€), Falterweg 6, Tel. 18 86,
www.gaestehaus-thomas-rueb.de, thomas-rueb@t-online.de
Gästehaus Weingut & Weinparadies Meyerhof (€€), Meyerhof, Tel. 87 14,
www.weingut-meyerhof.de, info@weingut-meyerhof.de

Frankelbach .... **Plz 67737, Tel. +49 (0) 6308**
Ferienwohnungen Zimmermann (€), Talstraße 39, Tel. 76 19

Frauenberg .... **Plz 55776, Tel. +49 (0) 6787**
Ferienwohnung Purper (€), Hauptstraße 45, Tel. 86 21, www.fewo-purper.de
Ferienwohnung Thiel (€), Bahnhofstraße 1, Tel. 85 00, www.frauenberg-nahe.de

Glanbrücken .... **Plz 66887, Tel. +49 (0) 6387**
Ferienwohnungen Glantal-Cottage (€), Glantalstraße 25, Tel. 12 45,
www.glanbruecken.de

Gries .... **Plz 66903, Tel. +49 (0) 6386**
Ferienwohnung „Seeblick“ (€), Bahnhofstraße 18, Tel. 13 03, dietrich.jung@gmx.de

Gundersblum .... **Plz 67583, Tel. +49 (0) 6249**
Hotel Pfälzer Hof (€€), Hauptstraße 33, Tel. 79 65, www.hotel-furtner.de

Harxheim .... **Plz 55296, Tel. +49 (0) 6138**
Vinothek & Gästehaus Ressler (€€), Obergasse 16–18, Tel. 71 55,
www.weingut-ressler.de, weingut-ressler@harxheim.de
Hotel Weingut Wolf (€€), Gaustraße 16, Tel. 60 14, www.weinhotel.wolf.de,
wolf@harxheim.de

Heinzenhausen .... **Plz 67742, Tel. +49 (0) 6382**
Ferienwohnung Lautertal (€), Hauptstraße 7, Tel. 99 33 44

Hohenöllen .... **Plz 67744, Tel. +49 (0) 6382**
Ferienwohnung „Zum Eulenhof" (€), Sulzhof 9, Tel. 40 2 48, www.sterneferien.de

Imsbach .... **Plz 67817, Tel. +49 (0) 6302**
Ferienwohnungen Fam. Diehl (€), Gienanthstraße 13, Tel. 54 72, www.ferienwohnung-diehl-imsbach.de

Ingelheim am Rhein .... **Plz 55218, Tel. +49 (0) 6725**
Pension Bergrestaurant Waldeck (€€), Waldeck 1, Tel. 43 13, www.waldeck-ingelheim.de

Krottelbach .... **Plz 66909, Tel. +49 (0) 6386**
Ferienwohnung Maiwald (€), Maiwaldstraße 6, Tel. 15 37, www.ferienwohnung-maiwald.de
Bettenlager Pfälzerwald-Verein Wanderheim Zum Hohen Fels (€), Beschilderung in Krottelbach folgen!, Tel. 54 70, www.pwv-krottelbach.de

Kusel .... **Plz 66869, Tel. +49 (0) 6381**
Ferien-Wohnung Zimmer (€), Etschbergerweg 35, Tel. 36 81, www.ferienwohnung-izimmer.de
Ferienwohnung Walter (€), Feldborn 4, Tel. 36 36, www.fewokusel.de
Hotel garni Saar (€€), Trierer Straße 40, Tel. 40 4 41, www.hotelsaar.de
Ferienwohnungen Haus Am Mühlberg (€), Bängertchen 20, Tel. 32 38, pr.eylau@t-online.de
Ferienwohnung Kuhn (€), Am Tannenwäldchen 2a, Tel. 80 9 50 oder 21 89, karl-albert.kuhn@t-online.de

Lambsborn .... **Plz 66894, Tel. +49 (0) 6372**
Ferienwohnung Nuss (€), Waldstraße 20, Tel. +49 (0) 68 41 / 63267, www.ferienhaus-nuss.de
Ferienwohnung Ratsch (€), Hauptstraße 58, Tel. 76 07, www.ferienwohnung-ratsch.de
Ferienwohnung & Privatzimmer Uhl (€), Hauptstraße 63, Tel. 33 02, http://ferienwohnung-uhl.de

Lauterecken .... **Plz 67742, Tel. +49 (0) 6382**
Hotel Pfälzer Hof (€€), Hauptstraße 12, Tel. 73 38, www.pfaelzer-hof.de
Ferienwohnungen Petra's Häusje (€), Bergstraße 4, Tel. 80 91
Ferienwohnung Schuster (€), Siedlerstraße 7, Tel. 81 66

Mainz .... **Plz 55124/55129, Tel. +49 (0) 6131**
Hotel Zur Ludwigsbahn (€€), Mainzer Straße 62, Plz 55124, Tel. 906 56 50, www.hotel-ludwigsbahn.de, info@hotelludwigsbahn.de
Gästehaus Rosenhof (€€), Ringstraße 38, Plz 55129, Tel. 50 91 37, www.rosenhof-mainz.de, info@rosenhof-mainz.de

Meisenheim .... **Plz 55590, Tel. +49 (0) 6753**
Ferienwohnung Meisenheim (€), Untergasse 18, Tel. 2471, www.fewo-meisenheim.de
Hotel-Restaurant „Am Markt" (€€), Untergasse 40, Tel. 9499764, www.hotelammarkt.net
Landhotel am Wasserrad (€€), Am Wehr 2, Tel. 964290, www.hotel-am-wasserrad.de
Hotel Meisenheimer Hof (Weinhotel und Restaurant) (€€€), Obergasse 33, Tel. 123780, www.meisenheimer-hof.de
Ferienwohnungen Rosenhäuschen Elegance (€), Obergasse 12, Tel. 6846, www.rosenhaeuschen.de

Mettenheim .... **Plz 67582, Tel. +49 (0) 6242**
Ferienwohnung Weinhaus Weissbach (€€), Am Michelsberg 18, Tel. 915151, www.weinhaus-weissbach.de, info@weinhaus-weissbach.de

Mölsheim .... **Plz 67591, Tel. +49 (0) 6243**
Ferienwohnungen Weingut Rebenhof (€), Nieder-Flörsheimer Straße, Tel. 197, www.rebenhof-roess.de
Gästehaus Ross (€€), Kalkofen 1, Tel. 905632, www.weinbau-ross.de, gast@weinbau-ross.de

Monsheim .... **Plz 67590, Tel. +49 (0) 6243**
Gasthaus Zur Traube (€€), Hauptstraße 92, Tel. 908060, www.rheinhessenstube.de
Gästehaus Villa Fliedner (€€), Bornstraße 3, Tel. 907782, www.villa-fliedner.de

Nackenheim .... **Plz 55299, Tel. +49 (0) 6135**
Restaurant & Landhotel St. Gereon (€€), Carl-Zuckmayer-Platz 3, Tel. 704590, www.landhotel-st-gereon.com, info@landhotel-st-gereon.com

Nierstein .... **Plz 55283, Tel. +49 (0) 6133**
Julianenhof Gästehaus und Weingut (€€), Uttrichstraßen 11, Tel. 58121, www.weingut-julianenhof.de, schmitt@weingut-julianenhof.de
Hotel Rheinischer Hof (€€), Mainzer Straße 28, Tel. 59059, www.rheinischerhof.com, hotel@rheinischerhof.com
Weingut & Gästehaus Kopp – Sternenfelserhof (€€), Oberdorfstraße 16, Tel. 925550, www.sternenfelserhof.de, info@sternenfelserhof.de
Hotel Alter Vater Rhein (€€), Große Fischergasse 4, Tel. 5628, www.alter-vater-rhein.de, hotel@alter-vater-rhein.de

Nussbach .... **Plz 67759, Tel. +49 (0) 6364**
Ferienhaus Winema Ranch (€), Hübelstraße 18, Tel. 1755569, www.winema-bisonranch.de

Obermoschel .... **Plz 67823, Tel. +49 (0) 6362**
Burg-Hotel (€€), Moschellandsberg 2, Tel. 92100, www.burghotel-obermoschel.de

Olsbrücken .... **Plz 67737, Tel. +49 (0) 6308**
Ferienwohnungen Zimmer (€), Hauptstraße 22, Tel. 20 98 23, www.ferienwohnungen-zimmer.de.vu
Ferienwohnungen Jung (€), Am Waldhof 13, Tel. 7212, www.jung-olsbrücken.de
Ferienwohnungen Weiß (€), Hauptstraße 4, Tel. 7178, alfons.weiss@web.de

Oppenheim .... **Plz 55276, Tel. +49 (0) 6133**
Merianhotel (€€), Wormser Straße 2, Tel. 50 00 10, www.merianhotel.de, info@merianhotel.com

Otterberg .... **Plz 67697, Tel. +49 (0) 6301**
Ferienwohnungen Haus Abteiblick (€), Am Sixmeisterwoog 10, Tel. 377 00, www.haus-abteiblick.de
Ferienwohnungen Reiterhof Zintel (€), Lauerhof 3, Tel. 716 86 40, www.reiterhof-familiezintel.de
Hotel Otterberger Hof (€€€), Hauptstraße 25, Tel. 79 80 80, www.otterbergerhof.org
Hotel Schippke (€€), Schlossberg 5, Tel. 12 05, www.hotel-schippke.de
Hotel Blaues Haus (€€), Kirchstraße 1, Tel. 71 66 66, www.hotel-blaueshaus.de

Pfeffelbach .... **Plz 66871, Tel. +49 (0) 6384**
Ferienwohnung Am Wanderweg (€), Im Pfarracker 6, Tel. 75 83, www.ferienamwanderweg.de

Rammelsbach .... **Plz 66887, Tel. +49 (0) 6381**
Ferienwohnungen Haus Maximilian (€), Kandelbrunnenstraße 31A, Tel. 479 62, www.ferienwohnung-conrad.de
Ferienwohnung Bürro (€), Kandelbrunnenstraße 62, Tel. 35 38

Ramsen-Eiswoog .... **Plz 67305, Tel. +49 (0) 6356**
Seehaus Forelle Haeckenhaus (€€€), Eiswoog 1, Tel. 60 88 - 0, www.seehaus-forelle.de

Reipoltskirchen .... **Plz 67753, Tel. +49 (0) 6304**
Ferienwohnung Ausbacherhof (€), Ausbacherhof, Tel. 84 31, www.lebendige-erde.de
Ferienwohnung Familie Kister (€), In den Leimenäckern 13, Tel. 34 70 21, www.familie-kister.de
Ferienwohnungen Josi Habermann (€), Hauptstraße 37, Tel. 15 60

Rockenhausen .... **Plz 67806, Tel. +49 (0) 6361**
Hotel Pfälzer Hof (€€), Kreuznacher Straße 30, Tel. 45 89 80, www.hotel-pfaelzerhof.de, info@hotel-pfaelzerhof.de
Hotel am Schloss (€€), Schlossstraße 8, Tel. 929 20, www.hotelamschloss-rockenhausen.de, willkommen@hotelamschloss-rockenhausen.de

Ruthweiler .... **Plz 66869, Tel. +49 (0) 6381**
Ferienwohnung Klein (€), Hauptstraße 28, Tel. 400 27, www.berndsfewo.de

Ferienwohnungen Haus Müller (€), Hohlstraße 2, Tel. 5210
Ferienwohnung Montefusco (€), Hauptstraße 84, Tel. 2165

Sankt Julian .... **Plz 66887, Tel. +49 (0) 6387**
Ferienwohnung „Am-Glan-Blies-Weg" (€), Mühlstraße 1, Tel. 7536, www.fewo-am-glan-blies-weg.npage.de
Ferienwohnung Annika (€), Hauptstraße 74, Tel. 8430, www.ferienwohnung-annika.de
Ferienwohnungen Haus Sonnenschein (€), Bergstraße 27, Tel. 412996, www.ferienwohnung-lauer.de
Ferienwohnung „Mein Sonnengarten" (€), Flurstraße 13, Tel. 993959, www.fewo-mein-sonnengarten.de

Schönenberg-Kübelberg .... **Plz 66901, Tel. +49 (0) 6373**
Ferienwohnung „Palette" (€), Saarbrücker Straße 9, Tel. 3217, www.ferienwohnung-palette.de
Campingfässer im Campingpark Ohmbachsee mit Landgut Jungfleisch (€€), Ohmbachsee 1, Tel. 4001, www.campingpark-ohmbachsee.de
Ferienwohnungen im Campingpark Ohmbachsee mit Landgut Jungfleisch (€), Ohmbachsee 1, Tel. 4001, www.campingpark-ohmbachsee.de
Hotel im Campingpark Ohmbachsee mit Landgut Jungfleisch (€€), Ohmbachsee 1, Tel. 4001, www.campingpark-ohmbachsee.de
Ferienwohnung Fauß (€), Breitenfeld 19, Tel. 9814, cuc1021@t-online.de
Hotel Gasthaus Schleppi (€€), Saarbrücker Straße 80, Tel. 2785, www.schleppi.de

Stahlberg .... **Plz 67808, Tel. +49 (0) 6361**
Gasthaus Maurer (€), Neubauerstraße 7, Tel. 8515

Steinbach am Donnersberg .... **Plz 67808, Tel. +49 (0) 6357**
Ferienwohnungen Fam. Bohlander (€), Bachbergstraße 12+14, Tel. 7441, www.ferienwohnung-bohlander.de
Jugendherberge Steinbach (€), Brühlstraße 41, Tel. 360, www.diejugendherberge.de

Thallichtenberg .... **Plz 66871, Tel. +49 (0) 6381**
Haus am Sonnenhügel (€), Flurstraße 2, Tel. 92770, www.hotel-burgblick.de
Hotel Burgblick (€€), Ringstraße 6, Tel. 92770, www.hotel-burgblick.de
Ferienwohnung Bier (€), Heideweg 24, Tel. 1873
Privatzimmer Zur Burg (€€), Ringstraße 2, Tel. 7712, www.pz-zur-burg.de

Traisen .... **Plz 55595, Tel. +49 (0) 671**
Gasthaus Zur Bastei (€), Auf dem Rotenfels 4, Tel. 31701, www.gasthaus-zurbastei.de

Trechtingshausen .... **Plz 55413, Tel. +49 (0) 6721**
Pension Gerhardshöfe-Haus Waldfrieden (€€), Tel. 32219, www.gerhardshoefe.de

Ulmet .... **Plz 66887, Tel. +49 (0) 6387**

Waldhotel Felschbachhof (€€€), Felschbachhof, Tel. 9110, www.felschbachhof.de

Landgasthof Steinerner Mann (€), Zweibrücker Straße 13, Tel. 18 27, www.steinerner-mann.de

Wachenheim .... **Plz 67591, Tel. +49 (0) 6243**

Gästehaus Weingut Schüttler (€€), Joh.-Würth-Straße 31, Tel. 53 01, www.hofladen-schuettler.de

Weiler .... **Plz 55413, Tel. +49 (0) 6721**

Forsthaus Jägerhaus (€€), Binger Wald, Tel. 15 92 41, www.forsthaus-jägerhaus.de, heiko-gemmel@t-online.de

Winnweiler .... **Plz 67722, Tel. +49 (0) 6302**

Pension Hauswirtschaft Bischoff „San Marco“ (€€), Marktplatz 6, Tel. 60 92 62

Pension Engel (€€), Weinbergstraße 7b, Winnweiler-OT Alsenbrück-Langmeil, Tel. 13 91

Wolfstein .... **Plz 67752, Tel. +49 (0) 6304**

Hotel-Restaurant Reckweilerhof (€€), Reckweilerhof 8, Tel. 618, www.reckweilerhof.de

Landgasthof Hotel Königsberg (€€), Am Ring 52, Tel. 274, www.hotel-koenigsberg.de

Ferienwohnungen Schwanenhof (€), Schwanenhof, Tel. 75 24 oder 12 40, www.schwanenhof.net

Ferienwohnung Schleifmühle (€), Im Oberdorf 28, Tel. 298, www.ferienwohnung-schleifmuele.de

Ferienwohnung Renate (€), Im Sandfeld 17, Tel. 59 47, www.ferienwohnung-renate.eu

Zellertal .... **Plz 67308, Tel. +49 (0) 6355**

Hotel Kollektur (€€€), Zeller Hauptstraße 19, Zellertal/Zell, Tel. 95 45 45, www.hotel-kollektur.de

Gästehaus Villa Golsen (€€), Zeller Hauptstraße 4, Zellertal/Zell, Tel. 9 55 09 20, www.schwarzer-herrgott.de

Weinstube „Zum schwarzen Herrgott“ (€€), Hauptstraße 4, Zellertal/Zell, Tel. 9 55 09 20, www.schwarzer-herrgott.de, info@schwarzer-herrgott.com

Ferienhaus Blumenthal (€), Bubenheimer Straße 8, Zellertal/Harxheim, Tel. 830, www.ferienhaus-zellertal.de.vu

Gasthaus & Metzgerei & Hotel Lind (€€), Bubenheimer Straße 1, Tel. 14 56, www.lind-zellertal.de

67308 **Albisheim**
Biber-Stübchen
Tel. 0 63 55 / 95 47 95
www.bibersauna.de

55437 **Appenheim**
Eppard in der 100-Gulden-mühle
Tel. 0 67 25 / 999 02 10
www.100guldenmuehle.de

55545 **Bad Kreuznach**
Brauwerk
Tel. 0 671 / 29 84 33 30
www.braunundroeth gastronomic.com

55583 **Bad Münster am Stein-Ebernburg**
Alt-Ebernburg
Tel. 0 67 08 / 37 73
www.alt-ebernburg.de

Landgasthaus mit bürgerlicher Pension „Zum Schlossgarten"
Tel. 0 67 08 / 22 60
www.pension-schlossgarten.de

55566 **Bad Sobernheim**
Zum 3sinenwirt
Tel. 0 175 / 764 68 55
www.draisinentour.de

Museumsgaststätte Freilichtmuseum
Tel. 0 67 51 / 59 82
www.museumsgaststaette-sobernheim.de

67814 **Bastenhaus**
Verwöhnhotel Bastenhaus
Tel. 0 63 57 / 97 59 00
www.bastenhaus.de

55774 **Baumholder**
Hotel-Restaurant „Zum Stern"
Tel. 0 67 83 / 58 77
www.zu-stern-baumholder.de

66869 **Blaubach**
Hotel Restaurant Rewschnier
Tel. 0 63 81 / 92 38 00
www.reweschnier.de

55294 **Bodenheim**
Gutsausschank Kapellenhof
Tel. 0 61 35 / 22 57
www.weingutkirch.de/gutsausschank.html

Zum Goldenen Lamm
Tel. 0 61 35 / 23 2 60
www.goldeneslamm-bodenheim.de

66904 **Börsborn**
Zur Tränke
Tel. 0 63 83 / 92 77 68

66892 **Bruchmühlbach-Miesau**
Restaurant Pfälzer Stuben
Tel. 0 63 72 / 91 2 00
www.pfaelzer-stuben.com

Schützenhaus Bruchmühlbach
Tel. 0 63 72 / 14 23
www.schuetzenverein-bruchmuehlbach.de

66904 **Brücken**
Alte Schmiede
Tel. 0 63 86 / 76 64
www.events-morr.de/catering

Die Schleif
Tel. 0 63 86 / 99 30 56

55257 **Budenheim**
Am Turm
Tel. 0 61 31 / 143 72 14
www.turmmainz.de

67814 **Dannenfels**
Café Anno Dazumal
Tel. 0 63 57 / 98 97 80

Landhotel Berg
Tel. 0 63 57 / 97 3 50
www.hotel-berg.de

Landgasthof Pfalzblick
Tel. 0 63 57 / 989 07 30
www.kastanienhof.com

67814 **Dannenfels/ Donnersberg**
Keltenhütte
Tel. 0 63 57 / 58 55
www.bastenhaus.de/de/keltenhuette.html

Donnersberger Waldhaus
Tel. 0 63 57 / 509 06 91
http://donnersberger-waldhaus.de/

67575 **Eich**
Landgasthof Lütje Hörn
Tel. 0 62 46 / 99 8 80

Nikropolis Restaurant
Tel. 0 62 46 / 907 77 93
www.nikopolis-eich.de

67753 **Einöllen**
Pferdestall-Saloon
Tel. 0 63 04 / 41 65 33
www.derpferdestall.com

67308 **Einselthum**
Weller's Weinhäusel
Tel. 0 63 55 / 23 23
www.wellers-weinhaeusel.de

67304 **Eisenberg/Pfalz**
Waldhotel Eisenberg
Tel. 0 63 51 / 12 47 03
www.waldhotel-eisenberg.de

67304 **Eisenberg/Pfalz-Stauf**
Zur schönen Aussicht
Tel. 0 63 51 / 81 74
www.hotel-ami.de

55234 **Erbes-Büdesheim**
Aulheimer Mühle
Tel. 0 67 34 / 14 70
www.aulheimermuehle.de

67887 **Erdesbach**
Café Veldenzer Mühle
Tel. 0 63 81 / 42 50 00

67754 **Eßweiler**
Landscheidhütte Eßweiler
Tel. 0 63 04 / 636
www.essweiler.de

67685 **Eulenbis**
Panorama-Gasthof
Emmerwiesenhof
Tel. 0 63 74 / 40 30
www.fewo-stemler.de

Zum Eulennest
Tel. 0 63 74 / 63 80
www.zum-eulennest.de

67808 **Falkenstein**
Falkensteiner Hof
Tel. 0 63 02 / 92 45 55
www.falkensteiner-hof.com

Burgstubb
Tel. 0 63 02 / 98 17 77
www.burgstubb-falkenstein.de

Kronbuchhütte
Tel. 0 63 02 / 72 03
www.kronenbuchhuette.de

55237 **Flonheim**
Naturfreundehaus
„Schauinsland"
Tel. 0 67 34 / 329 13 80
www.flonheim.de/de/leben-in-flonheim/vereine/naturfreunde

Weingewölbe Dohlmühle
Tel. 0 67 34 / 94 10 10
www.dohlmuehle.de

66887 **Föckelberg/Potzberg**
Wildpark Potzberg
„Hütte zum Adlerblick"
Tel. 0 63 85 / 62 49
www.wildpark-potzberg.de

55546 **Frei-Laubersheim**
Zum Rheingrafenstein
Tel. 0 67 09 / 213

55435 **Gau-Algesheim**
Pizzeria da Pino
Tel. 0 67 25 / 52 47
www.pizzeria-da-pino.de

67307 **Göllheim**
Kriegsberghütte
Tel. 0 63 51 / 73 98

66903 **Gries**
Restaurant Seestube
Tel. 0 63 73 / 829 08 77
www.seestube-ohmbachsee.de

67583 **Guntersblum**
Gutsschänke Reblausstube
Tel. 0 62 49 / 73 90
www.rheinterrassenhof.de/home/home.html

Hotel Pfälzer Hof
Tel. 0 62 49 / 79 65
http://hotel-furtner.de/

66871 **Haschbach**
Zur alten Probstei
Tel. 0 63 81 / 425 09 19
www.propstei-remigiusberg.de

55743 **Idar-Oberstein**
Verschönerungsverein
Hammerstein
Tel. 0 67 81 / 28 196

67817 **Imsbach**
Imsbacher Stuben
Tel. 0 63 02 / 55 71

Bergmannsstuben
Tel. 0 63 02 / 92 33 69

Kupferberghütte
Tel. 0 63 02 / 23 04

55218 **Ingelheim**
Bergrestaurant Waldeck
Tel. 0 67 25 / 43 13
www.waldeck-ingelheim.de

Brauser's Bergschänke
Tel. 0 67 25 / 25 15

67814 **Jakobsweiler**
Haus Wildenstein
Tel. 0 63 57 / 78 94

67304 **Kerzenheim**
Fuchshof
Tel. 0 63 51 / 44 9 33

Göllheimer Häuschen
Tel. 0 63 57 / 339
www.göllheimer-häuschen.de

Arleshof
Tel. 0 63 51 / 44 8 21
www.arleshof.de

67304 **Kerzenheim-Rosenthal**
Haus Labsal
Tel. 0 63 57 / 989 20 50
www.haus-labsal.de

66879 **Kollweiler**
Landbäckerei Dusch
Tel. 0 63 85 / 204

Zur Tenne
Tel. 0 63 85 / 92 59 57

66909 **Krottelbach**
Reismühle Kaffeemanufaktur

Tel. 0 63 84 / 92 57 71
www.reismuehle.info

66869 **Kusel**
Gaststätte „Hubehaus“
Tel. 0 63 81 / 29 45
www.hubehaus.de

Restaurant im Bade- und Freizeitpark Kusel
Tel. 0 63 81 / 996 55 56

66894 **Lambsborn**
Gaststätte
Zum Kuckucksnest
Tel. 0 63 72 / 12 72

67742 **Lauterecken**
Hotel Pfälzer Hof
Tel. 0 63 82 / 73 38
www.pfaelzer-hof.de

Lauterecker Brauhaus
Tel. 0 63 82 / 85 88
www.brauhaus lauterecken.de

Lauterecker Toskana
Tel. 0 63 82 / 13 84
www.lauterecker-toskana.de

Pfälzerwald-Hütte „Am Weiher", Tel. 0 63 82 / 13 84
www.pwv-lauterecken.de

67686 **Mackenbach**
Bürgerstube
Tel. 0 63 74 / 80 51 32
www.mackenbach-pfalz.de/tourismus.html

Hofcafé Langenfelderhof
Tel. 0 63 74 / 99 55 68

Restaurant Rough (Golfclub Barbarossa)
Tel. 0 63 74 / 99 46 33
www.golfclub-barbarossa.de

55130 **Mainz**
Rhoischnook
Tel. 0 6134 / 75 57 66
www.rhoischnoke.de/ginsem/mundart-db.php?alpha=R

Café „Am Rosengarten“
Tel. 0 61 31 / 81 8 50
www.cafe-am-rosengarten-mainz.de

55124 **Mainz-Gonsenheim**
Bürgerhof Gonsenheim
Tel. 0 61 31 / 94 32 94
www.buergerhof-gonsenheim.de

66894 **Martinshöhe**
Fritz-Claus-Hütte
Tel. 0 63 72 / 99 43 83
www.fritzclaushutte.de

55566 **Meddersheim**
Restaurant Lohmühle
Tel. 0 67 51 / 45 74
www.restaurant-lohmuehle.de

67678 **Mehlingen**
Flammkuchen-Hütte
Tel. 0 63 06 / 809 00 80
www.flammkuchen-huette.de

55590 **Meisenheim**
Hotel-Weingut Spindler-Barth
Tel. 0 67 53 / 54 77
www.hotelweingut-barth.de

Landhotel am Wasserrad
Tel. 0 67 53 / 96 42 90
www.hotel-am-wasserrad.de

Meisenheimer Hof (Weinhotel und Restaurant)
Tel. 0 67 53 / 123 77 80
www.meisenheimer-hof.de

Brauhaus
Tel. 0 67 53 / 12 44 35
www.brauhaus-meisenheim.de

67582 **Mettenheim**
Weinhaus Weißbach
Tel. 0 62 42 / 91 51 51

67591 **Mölsheim**
Weinstube „Alte Brennerei“
Tel. 0 62 43 / 53 64
www.alte-brennerei-moelsheim.de

Gaststätte Klöter
Tel. 0 62 43 / 55 30
www.kloeter-moelsheim.de

67590 **Monsheim**
Zur Traube – Rheinhessenstube, Tel. 0 62 43 / 90 80 60
www.rheinhessenstube.de

Restaurant Dunzweiler
Tel. 0 62 43 / 78 81
www.restaurant-dunzweiler.de

55299 **Nackenheim**
Restaurant & Landhotel St. Gereon
Tel. 0 61 35 / 70 45 90

Zum Schützenhof
Tel. 0 61 35 / 36 21

55546 **Neu Bamberg**
Zur Junkermühle
Tel. 0 67 03 / 10 37
www.junkermuehle.net

66887 **Niederalben**
Zum Steinalbtal
Tel. 0 63 87 / 99 38 42

55283 **Nierstein**
Winzerhaus
Tel. 0 61 33 / 56 89
www.winzerhaus-nierstein.de

Rheinischer Hof
Tel. 0 61 33 / 59 0 59
www.rheinischerhof.com

67823 **Obermoschel**
Burg-Hotel
Tel. 0 63 62 / 92 100
http://burghotel-obermoschel.de

Café-Restaurant Weinbrück
Tel. 0 63 62 / 30 91 91
www.weinbrueck.de

55276 **Oppenheim**
Merian Hotel Jens König
Tel. 0 61 33 / 94 9 40
www.merianhotel.de

Restaurant „Zur Vesperstube"
Tel. 0 61 33 / 50 90 37
www.oppenheim-gastronomie.de

67574 **Osthofen**
Weingasthof „Zum weißen Roß"
Tel. 0 62 42 / 91 14 10
www.weingasthof-osthofen.de

Ristorante-Pizzeria Da Caruso
Tel. 0 62 42 / 15 96

67697 **Otterberg**
Gasthaus Kraus
Tel. 0 63 01 / 31 9 77
www.metzgerei-kraus.com

Gasthaus Krone
Tel. 0 63 01 / 389 83 02
www.kroneotterberg.de

Alte Apotheke
Tel. 0 63 01 / 798 75 50
www.alte-apotheke-otterberg.de

Hotel Otterbergerhof
Tel. 0 63 01 / 79 80 80
www.otterbergerhof.org

Hotel Schippke
Tel. 0 63 01 / 12 05
www.hotel-schippke.de

Hotel Blaues Haus
Tel. 0 63 01 / 71 66 66
www.hotel-blaueshaus.de

67305 **Ramsen-Eiswoog**
Seehaus Forelle Haeckenhaus
Tel. 0 63 56 / 60 88-0
www.seehaus-forelle.de

66879 **Reichenbach-Steegen**
Backparadies Kissel
Tel. 0 63 85 / 321
www.backparadies-kissel.de

67753 **Reipoltskirchen**
Restaurant Wasserburg
Tel. 0 63 64 / 175 00 16
www.restaurant-wasserburg.de

67753 **Reipoltskirchen/ Ausbacherhof**
Vesperklause
Tel. 0 63 04 / 78 51

67806 **Rockenhausen**
Pfälzer Hof
Tel. 0 63 61 / 45 89 80
www.hotel-pfaelzerhof.de

Pizzeria Portofino
Tel. 0 63 61 / 14 78
www.portofino-rockenhausen.de

67752 **Rothselberg**
Selberghütte
Tel. 0 63 04 / 40 23

67808 **Ruppertsecken**
Huy
Tel. 0 63 61 / 83 52

67752 **Rutsweiler**
Pfälzerwald-Verein Hütte vorm Selberg – Rutsweiler
Tel. 0 63 04 / 40 23

66901 **Schönenberg-Kübelberg**
Restaurant Landgut Jungfleisch
Tel. 0 63 73 / 40 01
www.campingpark-ohmbachsee.de

Kübelberger Hof
Tel. 0 63 73 / 892 68 48
www.kuebelberger-hof.de

55599 **Siefersheim**
Weinstube Kleines Rheinhessen, Tel. 0 67 03 / 705
www.kleines-rheinhessen.de/index.php/de

Winzeralm (Jörg und Arthur Zimmermann)
Tel. 0 67 03 / 96 03 20
http://weingut-zimmermann.de/winzeralm/

55271 **Stadecken-Elsheim**
La Dolce Vita
Tel. 0 61 36 / 850 24 72
http://la-dolce-vita-stadecken-elsheim.de/

Weingut Gutsschänke Mengel-Eppelmann GdbR
Tel. 0 61 30 / 94 55 04
http://mengel-eppelmann.de/

67808 **Stahlberg**
Gasthaus Maurer
Tel. 0 63 61 / 85 15

67808 **Steinbach am Donnersberg**
Zur Akazie
Tel. 0 63 57 / 50 99-54
www.bistro-akazie.de

Pfälzerwald-Hütte Steinbach
Tel. 0 63 57 / 55 71

66871 **Thallichtenberg**
Hotel Burgblick

Tel. 0 63 81 / 92 7 70
www.hotel-burgblick.de

66871 **Thallichtenberg (Burg Lichtenberg)**
Burgrestaurant Burg Lichtenberg
Tel. 0 63 81 / 26 33
www.burg-lichtenberg.de

66871 **Theisbergstegen-Godelhausen**
Pfälzerwald-Hütte „Buchwaldhütte“
Tel. 0 63 81 / 61 58
www.pwv-theisbergstegen.de

Zum Potzberg
Tel. 0 63 81 / 99 46 69

55546 **Tiefenthal**
Gutsausschank „Zum Mühlenhof“
Tel. 0 67 09 / 412

55595 **Traisen**
Zur Bastei
Tel. 0 671 / 317 01
www.gasthaus-zurbastei.de

55413 **Trechtingshausen**
Burg Rheinstein
Tel. 0 67 21 / 63 48
www.burg-rheinstein.de

Schweizer Haus
Tel. 0 67 21 / 61 22

66887 **Ulmet**
Waldhotel Felschbachhof
Tel. 0 63 87 / 91 10
www.felschbachhof.de

Zum Steinernen Mann
Tel. 0 63 87 / 18 27
www.steinerner-mann.de/hotel-ulmet.html

67591 **Wachenheim**
Zum alten Zollhaus
Tel. 0 62 43 / 903 77 13
www.altes-zollhaus-wachenheim.de

55413 **Weiler**
Forsthaus Jägerhaus
Tel. 0 67 21 / 15 92 41
www.forsthaus-jägerhaus.de

67722 **Winnweiler**
Hauswirtschaft Bischoff „San Marco“
Tel. 0 63 02 / 60 92 62

Zum Donnersberg
Tel. 0 63 02 / 92 35 93

Igelborner Hütte
Tel. 0 160 / 98 49 05 74
(Udo Sipp)

67752 **Wolfstein**
Hotel-Restaurant Reckweilerhof
Tel. 0 63 04 / 618
www.reckweilerhof.de

Landgasthof Hotel Königsberg
Tel. 0 63 04 / 274
www.hotel-koenigsberg.de

Denk-Mal Café
Tel. 0 63 04 / 99 21 28
www.ramona-nagiller.de

67550 **Worms-Herrnsheim**
Schlosscafe und Restaurant
Tel. 0 62 41 / 849 19 47

67808 **Würzweiler**
Bürgerhaus Populär
Tel. 0 63 61 / 458 85 67

67308 **Zellertal**
Gasthaus & Metzgerei & Hotel Lind
Tel. 0 63 55 / 14 56
www.lind-zellertal.de

67308 **Zellertal/Harxheim**
Gasthaus Kuntz
Tel. 0 63 55 / 96 0 30
www.gasthaus-kuntz.de

67308 **Zellertal/Zell**
Hotel Kollektur
Tel. 0 63 55 / 95 45 45
www.hotel-kollektur.de

Weinstube „Zum schwarzen Herrgott“
Tel. 0 63 55 / 955 09 20
www.schwarzer-herrgott.de

St. Magdalena in Hangen-Wahlheim

REGISTER

IMPRESSUM

© KOMPASS-Karten, A-6020 Innsbruck (17.01)
1. Auflage 2017 Verlagsnummer 5225 ISBN 978-3-99044-217-3

Text und Fotografie: Jürgen Wachowski

Titelbild: Der Aussichtspunkt Rotenfels bei Bad Kreuznach
(Foto: CPN, © www.fotolia.de)

Bildnachweis: Alle Bilder stammen vom Autor
Ausnahmen: Autorenbild S. 2 © Julia Bingeser, S. 32/33 © Claudia Sonnenberg, S. 37 © VG Baumholder, S. 38 (oben) © Horst Schulz, S. 38 (unten) © Stefanie Nagel, S. 82 (oben) © Volker Halfmann, S. 86 (oben) © Volker Halfmann

Grafische Herstellung: Maria Strobl
Wanderkartenausschnitte: © KOMPASS-Karten GmbH
Kartengrundlage für Gebietsübersichtskarte S. 10-11, U4:
© MairDumont, D-73751 Ostfildern 4

KOMPASS-Karten GmbH
Karl-Kapferer-Straße 5, A-6020 Innsbruck
www.kompass.de/service/kontakt